# 子どもと福祉

## 子ども・家族支援論

### 第3版

林　浩康
Hiroyasu Hayashi
著

福村出版

[JCOPY]〈出版者著作権管理機構 委託出版物〉
本書の無断複写は著作権法上での例外を除き禁じられています。複写される場合は、そのつど事前に、出版者著作権管理機構（電話 03-3513-6969、FAX 03-3513-6979、e-mail: info@jcopy.or.jp）の許諾を得てください。

## はじめに

　本書は子ども福祉に関する理念・原理論，制度論，および子ども・家族支援に関する実践論から構成されている。自尊感情の回復をキーワードに，それを指向した実践論により力点を置いた。本書の特徴は，子ども支援の根幹に位置付けられる子ども観や，養育観など価値観に関する議論を中心に構成していることである。

　現在，子どもへの寛容なまなざしを実際の子どもへのかかわりにおいて，どれだけ貫徹できるかが大人側に問われている。放任ではなく，子どもに向かい合う寛容力を発揮できる環境に大人自身，身を置くことが必要である。ところがさまざまな要因から，子どもに十分向き合う余裕のない親，児童福祉現場職員が多いのも事実である。こうした状況の中で家庭や施設において理不尽なさまざまな課題を背負い込んだ子どもが自尊感情を育むことは困難である。むしろ自己否定感を強め，自己および他者を傷つけることでしか生き延びられない子どもとして育たざるを得ないことも納得できる。このような子どもたちが抱える「自分には責任がない」というメッセージを聴き，受けとめてもらうことが子どもにとって重要であり，そうした対応が可能な人との出会いが，その後の子どもの成長・発達において極めて大きな影響を与える。

　本書ではこうした問題意識に基づき，子ども観，養育観，援助観等を含む理念・原理論，子どもの支援に関する実践論と現在の子どもを取り巻く社会的制度に関して解説している。

　大学で子どもや家族の福祉に関する講義を担当して20年以上経過したが，つねにその内容について迷い，苦悩している。それは年齢の経過とともに深まっているように思う。したがって私にとって本書が揺るぎないテキストとして存在し続けるとは思っていないし，本書を他人に奨める気にもなれない。内容は暫定的なものであり，不十分な点も多々見られる。本書を活用してくださる学生の皆さんには本書で伝え切れなかった行間のメッセージを授業において伝

えることで，少しでも充実したものを提供できればと考えている。
　本書の出版においては，福村出版にお世話になった。心より感謝を申し上げる。

2018年8月

　　　　　　　　　　　　　　　　　　　　　　　　　　　　林　浩康

# もくじ

はじめに……………………………………………………………………3

## 1部　総論

1章　子ども福祉の意義──子どもの発見と子どもの権利…………10
　　❶　子ども福祉の目的……………………………………………10
　　❷　呼称と「子どもの発見」の意義……………………………11
　　❸　子ども観の変遷──「子どもの発見」と子ども観の変化…12
　　❹　子育て観の変化から見た子ども観の変化…………………13
　　❺　現代の子ども観………………………………………………15
　　❻　子どもの権利保障の観点から見た子ども観の変遷………16
　　❼　現代社会における子ども……………………………………18

2章　児童福祉の展開………………………………………………………20
　　❶　イギリス・アメリカにおける児童福祉政策の展開………20
　　❷　日本における児童福祉の展開………………………………23

3章　現代社会における子育て・「子育ち」の状況………………………33
　　❶　未就学児の状況とその課題…………………………………33
　　❷　現代社会における子育て観とその問い直し………………34
　　❸　社会的子育て観の醸成………………………………………36
　　❹　青少年期の「子育ち」の状況………………………………37

4章　家族支援が要請される背景と家族支援の目的……………………42
　　❶　児童福祉において家族支援が強調される背景と家庭養育の強調
　　　　……………………………………………………………………42
　　❷　現代社会における家族の状況………………………………45
　　❸　家族支援の対象・目的・実践の視点………………………47

5章　子ども支援の基本的考え方……………………………………50
　❶　「時間の共有」と支援……………………………………………51
　❷　自立支援という考え方……………………………………………53
　❸　自立概念と依存的自立を支える「自立支援」…………………58
　❹　「自立支援」における回復的ケアの必要性──「自立」の強調
　　　から「依存」の保障へ，生活自立から自尊感情の回復へ……61
　❺　「指導」から子どもの語りの尊重へ……………………………62
　❻　支援にかかわる職員自身のケアのあり方──自立支援と職員
　　　のジレンマ………………………………………………………67

6章　子ども福祉関連法・制度と関連機関…………………………70
　❶　子ども福祉関連法…………………………………………………70
　❷　児童福祉関連機関・施設…………………………………………72
　❸　障害児入所・通所支援……………………………………………73
　❹　児童福祉に携わる職員の倫理……………………………………74
　❺　苦情解決と権利擁護………………………………………………75

## 2部　各論

7章　家族内暴力の状況とその課題…………………………………80
　❶　現代社会における家族状況と暴力の顕在化……………………80
　❷　子ども虐待の定義と現代の虐待の特徴…………………………80
　❸　子ども虐待要因……………………………………………………82
　❹　子ども虐待への社会的取り組み…………………………………83
　❺　子ども虐待の社会的対応課題……………………………………85
　❻　DVの現状と課題…………………………………………………86

8章　社会的養護の現状と課題………………………………………89
　❶　現代社会における養護問題………………………………………89

|　　　　 2 社会的養護の場……………………………………………………… 90
|　　　　 3 社会的養護関係施策とその体制…………………………………… 91
|　　　　 4 施設環境……………………………………………………………… 96
|　　　　 5 家族支援と自立支援………………………………………………… 97
|　　　　 6 今後の課題…………………………………………………………… 109

## 9章　非行の捉え方……………………………………………………………… 113
　　　　 1 非行の捉え方とその背景…………………………………………… 114
　　　　 2 非行の実態と対応…………………………………………………… 117

## 10章　単親（ひとり親）家族の現状とその支援のあり方……………… 121
　　　　 1 母子家族の現状とその支援のあり方……………………………… 121
　　　　 2 父子家族の現状とその支援のあり方……………………………… 126

## 11章　乳幼児期・学童期における生活状況とその社会的保障……… 130
　　　　 1 保育所・認定こども園……………………………………………… 130
　　　　 2 学童期の放課後生活保障…………………………………………… 135

## 12章　母子保健施策の現状と課題………………………………………… 137
　　　　 1 子どもの健康と母子保健…………………………………………… 137
　　　　 2 母子保健法の成立とその改正……………………………………… 137
　　　　 3 施策等の現状………………………………………………………… 138
　　　　 4 母体保護法の意義と出生前診断…………………………………… 141

## 終章　今後の課題……………………………………………………………… 143
　　　　 1 児童福祉政策の動向と課題………………………………………… 143
　　　　 2 家庭養護の推進と施設養護の専門機能化………………………… 144
　　　　 3 地域子育て支援の充実・労働環境の改善………………………… 145
　　　　 4 子育て支援と社会的養護の架け橋………………………………… 145
　　　　 5 人材養成と待遇の改善に向けて…………………………………… 146

　　　　　資　料………………………………………………………………… 148
　　　　　索　引………………………………………………………………… 170

# 1部

# 総論

1部 総論

# 1章 子ども福祉の意義──子どもの発見と子どもの権利

## ❶ 子ども福祉の目的

　子どもは誕生する地を自ら選択して生まれてくるわけではない。「I was born.」と表現されるように，誕生は子どもにとって受動的なできごとである。こうした意味で，子どもは生まれたときから，イノセンス（第5章　2（3）（4）を参照）を抱えているといわれる。「好きでこの家に生まれたわけではない」「生んでくれと言ったわけではない」「自分には責任がない」といったイノセンスの叫びはある意味タブー視され，たとえそうしたことを言ったとしても，その言動を発したこと自体，否定されることが一般的である。しかし後に述べるように，まずこのイノセンスの受容が子どもへの関与において非常に重要となる。そうした叫びに向き合い，丁寧に聴いてもらえるかどうかで，その後の子どもの生き方に大きな影響を与える場合もある。

　しかしながら，向き合い，聴いてくれる人の存在が，現代社会では少なくなってきている。地域関係が希薄化し，同居家族以外の人とのかかわりが少なくなってきているからである。また同居家族でさえ，そうした関係性をもつことが困難な状況も存在する。こうした状況の中で，親あるいは世帯の状況が子どもに与える影響が肥大化するようになってきた。世帯間の経済的あるいは精神的余裕などの格差が，子どもに直接的に影響を与えやすい社会となってきたといえる。それが世代間で継承されていく傾向にある社会と捉えることができる。

　子ども福祉の目的は，子どもには罪がない（イノセント）こうした世帯間の格差を是正することである。貧困による学習権の侵害状況や，虐待による生きる意欲の喪失状況といった課題を背負い込んだ子どもの回復的支援をまず考えなければならない。本来子ども福祉は子ども一般の**ウエルビーイング**や成

---

**ウエルビーイング**　低所得者や障害者といった限定した人々を対象とした救貧的・恩恵的・劣等処遇的社会福祉（ソーシャルウエルフェア）のあり方とは異なり，一般化した福祉ニーズへの対応や，個人の自己実現や権利擁護を視野に入れた社会福祉のあり方をいう。

長・発達を促すことを目的とするとはいわれてきたし，児童福祉法の理念においてもすべての子どもの生活保障を掲げている。限定した子どもだけではなく，子ども一般を視野に入れた取り組みの必要性は，予防的観点からも重要であろう。しかしながら養育上の課題を抱えた世帯や，低所得層が一般化し，社会的支援を緊急に要する世帯や，緊急ではないが何らかの社会的支援を要すると考えられる世帯が拡大する中で，近年とくにそうした拡大化する世帯への対応を考えることが喫緊の課題となってきている。

## 2 呼称と「子どもの発見」の意義

「子ども」以外に「児童」ということばが一般的にはよく用いられる。「児童」の字源は漢和辞典（『新字源』角川書店）および『広辞苑』（岩波書店）によると，「児」の旧字「兒」は頭蓋骨が固まっていない者，「童」は奴隷，しもべ，召使いといった者を表す。すなわち児童とは，頭蓋骨が固まっていない奴隷，しもべといった意味合いを古代には含んでいたと考えられる。また「子供」の「供」はつき従って行く人，従者，従者としてつき従うことを表す。時代とともに本来ことばがもつ意味が変容していることは否定できないが，現代においても「児童」や「子供」のもつこのような侮蔑的ニュアンスが完全に払拭しきれたとはいえない。「子どもだから」ということで，大人のいいなりになることを強制されたり，子どもが十分に説明を受けたり，意向を伝えたりする機会が奪われたりすることはないだろうか。子どもの固有性を認めつつ，1人の人格をもった人間として子どもに向かい合うことが肝要である。

本書ではあえて「児童」や「子供」ということばを用いず，「子ども」ということばを用いる。ただし，児童福祉法や児童相談所といったように，法律あるいは行政用語として使われている「児童」に関してはそのまま「児童」を使うことにする。

一般的に子どもの発見はルソーによりなされたといわれている。発見とは広辞苑によれば「まだ知られていなかったものを，はじめて見つけ出すこと」

---

ルソー　　Jean-Jacques Rousseau（1712年〜1778年）は，フランスの哲学者・政治思想家・教育思想家。教育論『エミール』は「子どもの発見」をなした書として有名である。

とあり，この意味からすれば子どもの存在は従来から認識されていたのであるから，厳密な意味においての発見とはいえないだろう。しかしながら「子どもの発見」は歴史的に見て意味がある。それは大人と区別される子どもの固有性の発見であり，「小さな大人」ではない子ども期の意味の明確化といえる。子どもの捉え方は文化的，社会的状況において変化していくものであり，子どもとは何かが社会においてつねに問い直されなければならない。

われわれはすべての者が子ども期を体験しており，子どものことを理解していると思うことはないだろうか。子ども期を体験していることと，子どもを理解することは別のことである。子どもを見る視点において重要なことは，子どもを理解しようとする姿勢であり，子どもとは何かをつねに問い直し，「子どもの発見」に努めることであろう。

## 3 子ども観の変遷――「子どもの発見」と子ども観の変化

西洋社会における子どもの見方，すなわち子ども観の歴史的考察を行ったフランスの歴史家アリエスは著書である『〈子供〉の誕生』(1960 年) において，17 世紀までの中世芸術では子どもの存在は認められておらず，子どもを描くことが試みられたこともなかったが，中世芸術における子どもの不在は，器用さが欠けていたため，あるいは力量不足のゆえであるとは考えられておらず，むしろこの世界の中に子ども期にとっての場所が与えられていなかったと考えられるべきであろうと述べている。17 世紀以前における絵画で子どもを題材にしたものは存在するが，そこに描かれている子どもは，背丈のみが大人と区別される特徴であり，それ以外は子どもの特徴を有していないとアリエスは分析している。前節で指摘したように，そこでは子どもの固有性という積極的な捉え方は見られず，子どもを知識や経験のない「小さな大人」として捉える子ども観がうかがえる。すなわち，子ども固有の時期が認められていたのではなく，早期に大人集団の中で大人がもつ価値観に基づいた行動や言動が要求されるといった考え方が一般的であった。

その後，子どもの捉え方は社会の変容とともに変化し，これまで多様な捉え方がなされてきた。たとえば，子どもを単なる安い労働力，あるいは子どもが

家族の生活の犠牲となることを余儀なしとする子ども観,子どもを大人の従属物と見なす子ども観が存在した。こうした子ども観が根強く存在する一方で,経済社会的側面では子どもをより積極的に捉え,子どもは未来の労働力,かつ社会の後継者であり,国の存立発展のためには次代の国民としての子どもの育成が重要な課題であるという子ども観が,19世紀後半から20世紀前半にかけて,先進諸国の間で広まった。また思想面では,18世紀から19世紀にかけ,ルソー,**ペスタロッチ**,**フレーベル**,**オウエン**などが,子どもを固有の存在として捉え,それに対する社会的対応の必要性をそれぞれの立場から主張した。彼らは後の子ども観,あるいは子ども思想に大きな影響を与え今日に至っている。

また子どもそのものの価値をその成長・発達に求め,それを親・社会が責任をもって保障するといった子ども観,「児童の権利に関する条約」に見られるような子どもを権利行使の主体と見なす子ども観や,**子どもの能動的権利**が提唱され,これまで子ども観についてさまざまな見方が提示されてきた。どういった子ども観に基づき,子どもにいかに関与するべきかは永遠のテーマといえよう。

## 4 子育て観の変化から見た子ども観の変化

子どもの出産率が高く,成育過程において多くの子どもが死亡していく社会では,子どもはできるだけ早く成長することが要求され,児童期は「必要悪」ですらあったといわれる。このような社会では,子どもには大人とは別の独自

---

**ペスタロッチ**　　Johann Heinrich Pestalozzi（1746年～1827年）はスイスの教育実践家。フランス革命後の混乱の中で,スイスの地方で孤児や貧民の子などの教育に従事した。

**フレーベル**　　Friedrich Fröebel（1782年～1852年）はドイツの教育者。幼児教育の祖。ペスタロッチに啓発され,彼の初等教育のやり方をより小さい子どもたちの教育に当てはめて,幼児の心の中にある神性をどのようにして伸長していけるか,ということに専心し,小学校就学前の子どもたちのための教育に一生を捧げた。

**オウエン**　　Robert Owen（1771年～1858年）は,イギリスの社会改革家。人間は環境によって変えられる,とする環境決定論を主張した。

**子どもの能動的権利**　　市民的自由権に代表される社会への参加の権利である。児童の権利に関する条約における意見表明権や集会・結社の自由などがこれに相当する権利内容である。権利行使の主体として子どもを位置付け,子どもの成熟度に応じ,子どものこうした権利行使を保障するという考え方に基づくものである。

の世界があるということは発見されず,子どもは「大人のひな型」でしかない。ヨーロッパ社会で子どもが「価値ある」存在として捉えられるようになるためには,夫婦単位の近代的家族が成立してきたことや,避妊技術の進歩によって生まれる子どもの数をコントロールすることができるようになったこと,近代医学の発展によって子どもの死亡率が低くなったことなどの諸条件が前提となっている。このような歴史的条件のもとではじめて,少ない子どもを大切に育てようという社会的風潮が生まれ,子どものしぐさや成長ぶりが周囲の大人たちの関心の的となり,それに伴って子どもがそれぞれ個性的な存在であることが,改めて大人たちによって自覚的に捉えられるようになってきた。近代家族の形成はそれまでの子どもの見方を変え,そうした中で家庭での育児というものが社会的に形成されてきた。

近代における「子どもの発見」は同時に現代社会における育児と母親の発見でもある。とくに18世紀末のフランスにおける凄惨な子育ての実態に対し,ルソーは憤りを感じたといわれている。著書『エミール』の中で繰り返し批判しているのは,都市に住むようになった貴族たちの家庭であり,それはもはや生産共同体としての機能を失い,もっぱら消費文化の中心となっていた。

いわゆるサロン文化にとって母性は拘束以外の何物でもなかった。それは上流階級に限定されたことではなく,中,下層階級においても状況は異なるが,同様なことがいえる。上流階級における主たる養育者は乳母であり,その背景には女性の母性的機能に対する無関心,あるいは嫌悪というものがあったといわれている。下層階級においては捨て子や口減らしを目的とした里親や養子が広く行われていた。こうした状況に対しルソーは危機感を感じ,母親の養育の重要性を主張したのである。したがって厳密にいうと,ルソーは母親の本質を発見したというより,現代でいうところの母親の社会的役割を見出したのである。当時の西欧では,現在いわれている母性といった考え方にはかなり拒否的反応があり,われわれが今日いうところのいわゆる母性概念の歴史はそれほど長いものではなく,ましてや母性を女性の本能の如く捉えることにはかなり無理があるといえる。このようにルソーにより近代社会における母親の新たなる役割の必要性が主張される中で,ルソーの「子どもの発見」が現代産業社会における家族の中での性役割分業を顕著にしたという見方も存在する。すなわ

ち子どもの主たる養育の受け皿を家庭に求めた18世紀以降，生産的機能が外部に移り養育を家庭の本質とする動きの中で女性にその役割を課し，家庭は外部に対し閉じた形となり，それが余計に母親への育児負担を増大させていった。今日の性役割分業の端緒をここに見出すことができる。伝統的家族と近代家族のもっとも大きな違いは子どもへの関心の度合いといえるだろう。

　アリエスは，中世フランスでは夫婦の間，親子の間での感情は，家族の生活にとっても，その均衡のためにも，必要なものとされていなかったとした。感情の交流は家庭の外にあって，隣人，友人，親方や奉公人，子どもと老人，女性や男性から構成される極めて濃密かつ熱い「環境」によって保障されていたのであり，そこで愛情関係をもつことにはたいした拘束もなかったと述べている。家族意識は家が部外者に対して開かれているときには発達していなかったといえる。

　社会に対し閉ざされた家庭においては，子育ては家族員による独占状態を生む傾向にあり，そうした中で親による子どもに対する私物観思想を現代社会において強めてきた側面は多分に理解できよう。共同体による規制から自立した小家族への移行により，各小家族による子どものいわば囲いこみが起こるようになる。囲いこみが行われた後における親の子どものかかわりは，如実に社会における子どもの一般的価値観が反映されている。

## 5　現代の子ども観

　近年子どもの「小さな大人化」が指摘され，「子どもは急いで大人にさせられようとしており，早期教育や早熟の中で，豊かな子ども期が失われようとしている」といったニュアンスを含んだ論調で，現代の子どもが語られる。そこで意味されていることは，大人と子どもとの境界を曖昧化する「中世」の社会共同体における「小さな大人」への回帰を想起させる。こうした状況についてエルカインドは「児童期を人生への単なる控えの間としてではなく，人生の1つの段階として見ることが大切である。子どもたちを大人の時代へ早く到着するように急かせることは，ある期間がもっている優先権を別の期間に譲ってしまう形で，人生への尊厳を侵すことである」と述べている。

一見子どもが大切にされていると感じられる今日，社会に適した子どもの価値観が国民に植え付けられ，「無垢な」子どもにその価値観に合った色付けがなされる。そこでは子どもにとっての真の幸福とは何かといったことを時間をかけて考える暇もなく，社会変化に適応した子ども観がわれわれにもたらされる。

日本においては社会状況の変化とともに子どもを家族内労働の担い手，将来の親の扶養者，家の跡継ぎといった親の捉え方から，純粋な愛情の対象という捉え方へと変化してきた。こうした変化は少子化現象の背景としてこれまで論じられてきた。すなわち育児コストは年々上昇し，中でも教育コストはそれが顕著であり，子どもを多くもつメリットは経済面では親自身にとっては少なく，子どもの数による家族間の不公平感が多少なりとも意識されてきた。子どもを少なく産もうとすることは，現代社会において当然の帰結であろう。このような状況の中で「子どものでき」は「親のでき」として捉えられる風潮を顕著とし，子どもは親の作品の如く捉えられ，親はその作品作りのために懸命になる。その懸命さが親のわが子に対する過剰な干渉を生み，それまで地域社会の中で根付いていた社会的子ども観は近隣関係の希薄化とともに薄れ，親のわが子に対する所有物観を強化してきた。

## 6 子どもの権利保障の観点から見た子ども観の変遷

世界で初めて子どもの権利を宣言したのが1922年に国際児童救済連合による「世界児童憲章」であり，1924年国際連盟において「児童の権利に関するジュネーブ宣言（ジェネヴァ宣言）」が採択された。その後1959年国連総会で「児童の権利に関する宣言」が採択された。

日本では1951年「児童憲章」を制定し，「児童は，人として尊ばれる。児童は，社会の一員として重んぜられる。児童は，よい環境の中で育てられる。」という前文に続く12か条が制定されている。また1989年「児童の権利に関する条約」が国際連合において採択されたのに伴い，日本においても1994年それが批准され，これまでの救済的・保護的ともいえる子どもの権利観を大きく変化させた。すなわち子どもを権利行使の主体として位置付け，保護されると

いう**受動的権利**だけでなく，意見表明権に代表される市民社会への参加や参画に関する能動的権利保障への認識が深まったといえる。しかしながら日本では，この子どもの参画を視野に入れた子どもの権利基盤型アプローチが，施策や実践場面において十分に具体化されていないといわれている。

　これまで子どもの自由への権利よりもむしろ，保護を受ける権利（受動的権利）が主張され，保護主義に基づいた対応が一般的であった。このような考え方の基盤には国親思想（パレンス・パトリエ思想）や，パターナリズムに基づいた考え方があり，法律に基づき保護や監督を受けることが，子どもの権利の実質的内容であり子どもの最善の利益に適うと考えられてきた。しかし今後，能動的権利保障や能動的権利を保障するためのパターナリズムの必要性も認識する必要があろう。

　権利意識とは「自分を大切にしたい」と思う心の有り様である。換言すれば，自尊感情といえる。この自尊感情を培うためには，幼少期における愛着関係を基盤に，「人から尊重されている」「人から大切にされている」といった思いを育むことが必要である。他人の人権や権利への認識はこうした「自分を大切にしたい」という意識の上に成り立つものである。自尊感情が他尊感情をも育むといえる。権利の侵害を受け，自尊感情を育むことが困難な子どもは，結果的に他者への権利侵害を犯すという悪循環に陥る。この悪循環に関与するところに子ども支援の専門性が要求される。どういった価値観でもって，どういった関与をするかで，子どもの心の有り様が大きく変わる。

　一方，子どもの権利と義務は車の両輪，あるいは表裏一体として捉えるべきことも指摘される。しかしながらこれまで述べてきたように，権利や義務を果せない，あるいは他人に配慮できない子どもの多くは権利が十分に保障されてこなかった子どもたちである傾向にある。権利は普遍的に尊重されるべきである。倫理や道徳でもって子どもを指導するという方法は，ときに子どもたちの不信感を招くこととなる。われわれに求められている専門性とは何かを，こうした観点から考え続けることがまず必要といえよう。

---

**受動的権利**　子どもが保護され，守られる権利である。子どもは保護の対象であるという考え方に基づき，親や社会的施設・機関などに義務付けられた子どもの権利である。

## 7 現代社会における子ども

近年虐待が大きく取り上げられる中で、**親権**のあり方を見直す必要性が主張され、また学校における教員・生徒関係のあり方についても児童の権利に関する条約の影響も受け、議論されるようになってきた。教育現場や福祉現場では体罰が禁じられているが、家庭での体罰は懲戒権という名のもとで認められていると考えられる。教育現場や福祉現場で許されないことがなぜ家庭で認められるのか、そもそも体罰は子どもにどういった影響を与えるのか、十分に検討する必要がある。世界的に見ると、2016年現在体罰を禁じている国は51か国におよび、増加傾向にある。

これまで、大人が子どもに対して親権や指導権があるから子どもを支配できるという誤った法意識や子ども観が、子どもを所有物と見る考え方を助長させてきたともいえる。子どもの主体性をいかに高め、子どもの内的可能性をでき得る限り引き出すような環境を創り出していくことが大人の義務であり、それを要求することが子どもの権利である。近年、体罰問題が取り上げられ、改めてその弊害について明らかにされてきた。とくに日本では、集団秩序や協調性が強調される中で、チームプレイとしての球技活動を中心としたクラブ活動において、体罰が指導の一環として行われてきた。また懲戒の一環として体罰も用いられてきた。体罰を全面肯定する者は少ないが、部分賛成者（体罰が必要な場合もある）は全面反対者より多い傾向にある。改めて体罰の弊害を認識する必要があるだろう。

近代社会では、これまで保護あるいは教育の名のもとで、子どもの自由を侵害してきた面は多分にある。子どもを子ども期の中に閉じこめ支配する子ども期、あるいは子どもを保護すると称して、子どもを一般社会から引き離し、子どもがそれを見、それに発言し、介入することを禁止する子ども期といわれる。現在の子どもは、学校や幼稚園、保育所といった中で、大人に囲い込まれてい

---

**親権** 成年に達しない子を監護、教育し、その財産を管理するため、その父母に与えられた身分上および財産上の権利義務の総称をいう。未成年の子に対し親権を行う者を親権者という。具体的には監護・教育権と財産管理権から構成され、前者には居所指定権、懲戒権、職業許可権などが含まれる。

る。そこで，身につけることは大人によって教え込まれるという形をとる傾向にある。けれども，本来子どもというのは，地域や家庭の中で，遊んだり手伝いをしたりする中で，見よう見まねで自然に身につけていくようなものがたくさんあり，そういったところに"子ども"という本当の概念があったのではないかという指摘もある。子どもの発見以降，子どもの固有性が認められ，子どもであるがゆえに必要な養育や教育が意識されるようになってきたが，そうした状況にはかなり問題が内包されているようである。子ども本来のもっている力が忘れさられ，一定の大人によって創り出された閉鎖的環境の中で一方的ケアがなされる。子どもの発見以前の社会で無意識の中で培われていた子ども固有の力の醸成が，皮肉にも現代社会では阻害されているというパラドックス（逆説）がそこには存在しているといえよう。

## 参考文献

網野武博「児童の権利，義務と自立」『社会保障研究』第24巻第2号，東京大学出版，1988年。

Aries, Philippe, *L'enfant et La Vie Familiale Sous L'ancien Regime*, 杉山光信・杉山恵美子訳『〈子供〉の誕生』みすず書房，1980年。

Elkind, David, *The Hurried Child*, 戸根由紀恵訳『急がされる子どもたち』紀伊國屋書店，2002年。

佐々木光明「子どもと大人の関係」津田玄児編『子どもの人権新時代』日本評論社，1993年。

田島一「民衆の子育ての習俗とその思想」『岩波講座子どもの発達と教育2』岩波書店，1979年。

正高信男『ヒトはなぜ子育てに悩むのか』講談社，1995年。

森田伸子『子どもの時代』新曜社，1986年。

矢野智司『子どもという思想』玉川大学出版，1995年。

横須賀薫「児童観の展開」横須賀薫編『近代日本教育論集第5巻』国土社，1969年。

Rousseau, Jean Jacques, *Emile ou de l'education*, 今野一雄訳『エミール（上）』岩波文庫，1962年。

渡辺秀樹「子ども期」比較家族史学会編『事典　家族』弘文堂，1996年。

# 2章 児童福祉の展開

## 1 イギリス・アメリカにおける児童福祉政策の展開

### (1) イギリス

　イギリスにおける中世封建社会では，土地を所有する領主との主従関係や地域共同体の相互扶助機能に基づき，下層農民たちは貧しいながらも最低限の生活が保障されていた。一方，労働能力がなく，地域共同体とのつながりを失った障害者，老人，孤児といった者に対する救済は，キリスト教信仰に基づく個人的慈善に依存していた。

　15世紀末頃から**エンクロージャー（囲い込み）**が活発化し，土地から追われた農民たちは大量の浮浪貧民と化したことなどに見られるように，資本主義的な営利本位の生産方法が一般化していく中で，生業を奪われ路頭に迷う者が大量に生み出された。こうした貧民の救済を個人的慈善に頼ることの限界から国家的対応を迫られ，1601年エリザベス救貧法としてそれまでの貧民法を集大成した。しかしながら貧困は社会問題ではなく，貧困者個人の問題として捉えられ，対応の本質は抑圧であり貧民の管理であった。子どもへの対応も例外ではなく，救貧法では貧民を労働能力の有無を基準に，①有能貧民，②無能貧民，③子どもの3つに分け，③子どもに対しては教区での徒弟奉公を強制する措置を規定した。すなわち教区委員と貧民監督官は治安判事の同意を得て，適当と判断される先に男子は24歳まで，女子は21歳または結婚するまで徒弟に出された。徒弟開始年齢は規定されておらず，7歳で徒弟に出されたという事例も存在する。また教区徒弟には，①自発的に子どもを引き受ける個人の親方への委託，②工場で子どもを必要とする製造業者への委託，③教区民への強制的割り当ての3形態があったが，いずれも子どものためではなく，労働の担い手として引き受けるのが一般的であった。

　**エンクロージャー（囲い込み）**　土地所有者が羊を飼って羊毛業で収益をあげることを目的に自分の土地から農民を追い出し，農民は工場制手工業での賃金労働者となっていった。

その後貧民に対し働くことを強制する労役場（workhouse）が設立され，子どもに対しても労役場への措置がなされた。1834年の改正救貧法では原則として在宅での救済を禁止し，労役場への収容と**劣等処遇の原則**（less eligibility）を徹底した。労役場は大人も子どもも無差別に収容する混合型労役場であり，子どもは大人の貧民と同様に苛酷な労働を強いられた。この時点においても貧困を社会問題として捉える認識がなく，「救済は惰眠を養成する」という考え方から労役場での生活は，貧困者への懲罰として捉えられていた。またこのような処遇の基底には，被救済者を少なくすることによる財政的節約という考え方もあった。さらに生存競争を通し適者が生存するという「社会ダーウィニズム」や，貧困の原因を食糧を上回る人口の増加であるとするマルサスの『人口論』の影響を受け，極力救済を控え，どうしても救済を必要とする者に対しては，劣悪処遇により救済を受けることを躊躇させようとした。一方，徒弟や労役場に出せない子どもに対しては，一般的には無能貧民と同様に従来の救貧院（almshouse）での収容，家庭にとどめての保護，教区内の里親委託のいずれかの措置がとられていた。

18世紀後半から19世紀の産業革命により，手工業から機械による工場生産へ変革した。機械による生産は単純作業を容易にし熟練労働者は締め出され，賃金の安い児童労働が一般化することとなる。工場主と教区との間で子どもは商品のように取り引きされ，工場への徒弟は年々増加していった。その労働状況や生活状況は苛酷なものであり，その後世論の後押しもあり，こうした児童労働状況の改善を目的とした最初の工場法である「徒弟の健康と道徳を維持するための法律」が1802年に制定された。

労役場における混合救済のあり方は，19世紀後半になってようやく改善され，労役場から独立した施設に子どもを分離するようになり，この施設は「救貧法学園」として一般化していった。しかしながら2000名を超える子どもを収容していた学園のあり方は問題視され，こうした大舎制に代わって小舎制や地域分散型のホームなども19世紀末に設立された。また大舎制批判と並行して里親委託を促進する施策も講じられた。さらに1884年に全国児童虐待防止協会

---

**劣等処遇の原則（less eligibility）**　　公的な救済を受ける者の救済水準は，最下層の自活労働者の生活水準より低位なものでなければならないとする考え方。

が民間団体として設立され，その団体の運動により1889年には児童虐待防止法が制定され，その後の児童法の基礎となった。

## (2) アメリカ

アメリカにおいてもイギリスと同じように，資本主義経済の急速な発展の中で子どもは大人同様に苛酷な労働を強いられていた。19世紀末頃から児童労働の規制が最大の課題として認識され，各州においてそれに対する取り組みが見られるようになった。こうした「児童救済運動」は博愛・人道主義の具体化として捉えることもできるが，資本家が自己の利益のために零細企業を追い立て企業活動の統合化を図るために進めた側面もある。

その後とくに児童福祉の発展にとって画期的なできごととして，1909年に開催されたセオドア・ルーズベルト大統領によるホワイトハウス会議（白亜館会議）をあげることができる。この会議は児童福祉に関する全米会議であり，その後も10年ごとに開催され，今日まで続いている。第1回会議での「家庭は人類が生み出した最高の産物」という宣言は20世紀の養育思想の基調となり，1912年には連邦政府に児童局が設けられた。それは国家が子どもの福祉を保障する責任を正式に認めたことを意味し，慈善・博愛事業といった私的活動への依存からの脱却であった。こうした動向が1935年の社会保障法の成立へとつながることとなる。また，**ケイ**は20世紀こそ児童の世紀として子どもが幸せに育つ平和な社会を築くべきであると主張した。

20世紀半ば以降，英・米ともに**ホスピタリズム（施設病）**や**マターナル・ディプリベーション（母性剥奪）**に関する研究が進められた。当時の病院や施設での長期的生活による子どもの身体的・精神的問題が指摘され，施設養護より里親

---

**ケイ**　　Ellen Key（1849年〜1926年）はスウェーデンの女性教育思想家。1900年に『児童の世紀』を著した。

**ホスピタリズム（施設病）**　　親などとの個別的な関係性が断絶され，施設のような集団生活のみで養育された子どもに生じる心身の発達障害を総称する概念。

**マターナル・ディプリベーション（母性剥奪）**　　何らかの理由で親による養育が不可能な乳児は，施設などで養育されることになるが，その場合一貫した養育者が継続的にかかわることが困難となる。このように通常の家庭での養育が奪われた乳児の状況をいう。家庭における養育であっても，親により適切な対応がなされない場合には同様の状況となる。こうした状況で養育された場合，子どもに精神的，身体的問題が生じるといわれる。

養育が望ましいという考え方が一般化した。その後こうした考え方は**パーマネンシープランニング**へとつながり，養育者との継続的関係の重要性が指摘され，子どもへの恒久的環境の提供が第一に考えられるようになった。

## 2 日本における児童福祉の展開

### (1) 明治・大正期における展開

　明治維新以降，日本では鎖国政策を解消し，西欧文化や産業技術の導入により資本主義政策が進められ，近代国家を形成することになる。欧米諸国と同様に，この過程において浮浪貧民が増加し，国家的対応を迫られた。しかしながら貧困者救済に関しては，国家が積極的にかかわるのではなく，一貫して近隣や親族による相互扶助に委ねられていた。こうした考え方は，1874（明治7）年に制定された恤救（じゅっきゅう）規則に見ることができる。すなわち貧民は地縁や血縁を基盤にした相互扶助により救済されるものであり，身寄りがなく相互扶助が得られない者に限って国家が救済するとその前文に記されている。子どもに関しては13歳以下に限定し，一定限度の米代を支給する旨が定められているだけであった。また恤救規則を中心とする一般的な救貧行政以外に児童保護関係では，1871（明治4）年の太政官達「棄児養育米給与方（15歳以下の棄児に年間7斗米を支給，1873（明治6）年に13歳以下に改正）」や，1873（明治6）年の太政官布告「三子出産ノ貧困者ヘ養育料給与方（困窮した三子出産の家族に一時金5円を給付）」があった。

　一方，産業化のプロセスにおいて貧困問題が深刻化するが，貧困家庭における子どもは労働力として捉えられ，子守，家の手伝い，他家への奉公，工場労働などさまざまな形で十分な教育を受けないまま労働を強いられた。とくに工場労働においては，劣悪な労働状況が問題視され，1911（明治44）年に労働時間の制限，幼少年や婦人労働者の保護を目的とした工場法が制定されるが，そ

---

**パーマネンシープランニング**　何らかの事情で実親と生活することが困難な養護児童には，一定の養育者との永続的関係がその発達において重要であり，そうした関係が維持できるよう個別援助計画を立てなければならないとする考え方。したがって究極的には家庭復帰か養子縁組が望ましい選択肢となる。

の実施において資本家の抵抗に遭い，1916（大正5）年にようやく実施された。

　明治政府の不十分な施策は民間の慈善事業によって補われた。明治初期から貧児，孤児，棄児救済のための児童福祉施設をプロテスタント派のキリスト教信者などが中心となって設立した。代表的なものとしてまず石井十次による岡山孤児院（1887（明治20）年）があげられる。十次は岡山県医学校入学後に入信し，孤児を引き取り保護したことをきっかけに孤児院を設立した。孤児院はイギリスの**バーナードホーム**の影響を受け，家庭的雰囲気を大切にした小舎制や，低年齢児を岡山県下の農家に委託する里親制度を取り入れるなど先駆的役割を果たし，今日の施設養護の基礎を築いた。また知的障害児施設として石井亮一による滝乃川学園（1897（明治30）年）があげられる。立教女学校の教員であった亮一は，1891年の濃尾地震で親を失った少女たちが身売りされるのを見かねて，教員を辞め，私財を投じてその少女たちの保護に乗り出した。そして，こうした身寄りのない少女を保護し，教育することを目的とした孤女学院を1891（明治24）年東京に設立した。ところがその少女たちの中に知的障害をもつ者がいたため，亮一は渡米して知的障害児教育について学び，帰国後の1897（明治30）年に滝乃川学園と改称し，知的障害児の保護と教育を目的とした特殊部と保育士養成を行う保母養成部に再編成した。さらに，留岡幸助により1899（明治32）年東京に開設された家庭学校（後，児童養護施設に転換）があげられる。家庭学校は，今日の児童自立支援施設の原型となる感化院である。幸助は17歳で洗礼を受け同志社英学校神学科に学び，新島 襄(じょう)や宣教師の影響を受け，北海道空知集治監（監獄）の教誨師となった。その後犯罪者の生育歴を知る中で少年の感化事業に関心をもち，東京に家庭学校を設立，1914（大正3）年には北海道の社名淵(しゃなぶち)に家庭学校の分校（後，独立）を設立した。感化事業において豊かな自然環境と家庭的雰囲気が重要であると考え，農業や酪農などの作業や普通教育を行い，夫婦小舎制を取り入れた。その独自の方法は，今日の児童自立支援施設にも影響を与えている。こうした先駆的活動の影響もあり，1900（明治33）年感化法が制定された。感化法では各都道府県に感化院

---

**バーナードホーム**　　英国の宣教師バーナード氏によって1870年に設立された浮浪児童のための入所施設。小舎制，里親斡旋(あっせん)，職業教育など先駆的活動を施設で行い，世界の児童養護施設のモデルとなった。

の設置を義務付けた。感化院への入所児は満8歳以上16歳未満の者で親権者も後見者もなく，浮浪あるいは非行を行った子どもや**懲治場**への措置を言い渡された少年などである。感化法は社会防衛的観点から制定され，感化院での教育も懲戒的であった。したがって家庭学校は当時の感化院の中では異例であったといえよう。1922（大正11）年には少年法と矯正院法が制定され，当時の少年法は18歳未満を対象とし，保護処分や少年審判所（後に家庭裁判所に統合）に関して規定していた。

### (2) 昭和期以降の展開

　戦争で勝利を得た日本でも，昭和になると世界恐慌の影響を受け，国民生活は困窮を強いられ貧困者は増加した。こうした貧困者に対し恤救規則で対応することには限界があり，1929（昭和4）年に救護法が制定され，1932（昭和7）年から実施された。救護法における保護の対象者は，①65歳以上の老衰者，②13歳以下の幼児，③妊産婦，④疾病，障害のため労働が困難な者であり，労働能力のある失業者などは保護の対象から除外された。生活扶助，医療扶助，助産扶助，生業扶助を給付する居宅保護が原則であるが，救護施設として孤児院や養老院などの入所施設も規定された。

　一方，日本では経済的危機を戦争により切り抜けようとし，1931（昭和6）年の満州事変を発端に日中戦争へと突入した。そして社会事業は健民健兵政策と化していった。子どもに関する救済事業も，慈善事業から予防的機能を含めた社会事業へと発展し，孤児対策としての養護事業や非行少年対策としての感化事業から，母子乳幼児保健，託児事業，母子保護などへと広がった。しかし一貫して児童福祉政策の展開は国力としての人材育成という考え方が根底にあり，戦時体制においてその方向がますます強まった。1933（昭和8）年には感化法が少年教護法に改正され，同年，児童虐待防止法が制定された。少年教護法では，感化法の懲戒的性格を改め訓育主義を一層徹底し，法の対象を14歳未満の不良行為を行ったり，行うおそれのある者とした。そして従来の感化院を改称した少年教護院の設置を各府県に義務付けた。また入所児の科学的診

---

**懲治場**　刑法や親の希望に基づいて留置される子どもを処遇する日本初めての矯正施設であり，現在の少年院の前身である。

断のために少年教護院内に少年鑑別所を設置できるようにした。さらに院外教護機関として，少年の非行防止と早期発見を目的とした名誉職である少年教護委員を道府県に設けることができるようにし，少年教護院で所定の教科を履修した者には義務教育修了の認定をした。

　児童虐待防止法は，14歳未満の子どもの保護者がその子どもを虐待したり監護を怠ったとき，地方長官が保護者に訓戒や監護の命令を行うことができるとし，さらにその保護者から子どもを引き離し施設などに委託できることとした。また公衆に観覧させたり，乞食や街頭での商売に従事させるなど虐待とみなし得る業務や行為を禁止し，違反者には懲役や罰金を課した。さらに当時母子心中が社会問題化したことなどを背景に，13歳以下の子どものいる貧困母子世帯の救済を目的とする母子保護法が救護法から分離する形で1937（昭和12）年に制定された。それまで母子世帯は親族によって扶養されるべきであるとしていたが，都市部ではそれが不可能な状況であり，同法の実施により母親が健民健兵の育成に従事できるよう母子世帯を社会的扶助の対象とした。扶助の種類には生活扶助，養育扶助，生業扶助，医療扶助があり居宅扶助を原則とし，必要な場合には居宅外扶助も認められた。

## (3) 戦後の児童福祉

　第二次世界大戦により社会は混乱し，国民生活は窮乏に喘ぐこととなる。こうした状況に対し即座に生活困窮者緊急生活援護要綱が閣議決定され，翌年（旧）生活保護法が施行され，母子保護法はこの法律に統合された。当時，戦災や引き揚げの混乱の中で親を失った孤児，戦死者の遺児などが適切な保護を受けることなく浮浪し，生きるために物乞いや金品の窃取をするなどしていた。政府はこうした状況に鑑み，1945（昭和20）年「戦災孤児等保護対策要綱」を決定し，児童保護委員会を各市町村に設け，保護委員会が孤児の保護事務を担当することとし，子どもの保護方法は個人家庭への委託，養子縁組，集団養護とされた。そして今日の乳児院，児童養護施設，母子生活支援施設に当たる多くの施設が大きな役割を果たすこととなる。1946（昭和21）年には駅や公園の浮浪児を緊急に保護するために「浮浪児その他児童保護等の応急措置実施に関する件」（厚生省社会局長通知・当時）が出され，少年教護委員，方面委

員，警察官などの児童保護関係職員が随時巡察し，浮浪児等を発見し保護すること，児童保護相談所を設置し浮浪児の発見と保護に努めることなどが規定された。また同年，浮浪児が多く集まる地域に対策を徹底するために，東京，神奈川，愛知，京都，大阪，兵庫，福岡の知事に対し「主要地方浮浪児等保護要綱」（厚生次官通知・当時）が通達され，これらの地域の児童保護関係職員が浮浪児の発見に努め，浮浪児のための一時保護所，児童鑑別所，児童収容保護所が設けられるようになった。しかしながら施設から出て再び浮浪児になる者などがおり，浮浪児は減少しなかった。そこで1948（昭和23）年「浮浪児根絶緊急対策要綱」が閣議決定され，浮浪児の発生要因の分析およびそれらへの対応のあり方などが明らかにされた。その中で，浮浪児を根絶できない最大の理由は，人々の安易な同情と浮浪児を一時的に安価で雇用する者の存在であると指摘されている。

　このような状況に既存の少年教護法や児童虐待防止法は対応できず，浮浪児の応急的対応により解決を図ろうとしていたが，状況はそれほど改善されなかった。そこで子どもに対する根本的施策の必要性が認識され，日本法制史上初めて「福祉」の名を冠した児童福祉法が1947（昭和22）年に制定された。それまで支配的であった孤児や非行児童といった要保護児童のみを対象とする考え方ではなく，次代を担うすべての子どもの健全育成を基本的精神とする画期的な法律であった。児童福祉法の制定により少年教護法と児童虐待防止法は一部統合される形で廃止された。しかしながら当時の日本における子どもの生活は法の理念とはほど遠く，悲惨な生活を強いられる子どもが多くいた。そこで社会全体で子どもの権利を守り，児童福祉法に掲げられた理念を普及させるために，1951（昭和26）年児童憲章が制定された。児童憲章は前文と12か条の本文からなり，その前文では「児童は，人として尊ばれる。児童は，社会の一員として重んぜられる。児童は，よい環境の中で育てられる。」と記され，国民すべてがこの理念を実現する責任を負うことを規定している。

　このように日本の児童福祉は，戦後理念的には先進的考え方を取り入れていたが，現実には要保護児童の対応に終始していた面が多分にあったといえよう。なお，これまで述べてきた日本における児童福祉の史的展開および以下に述べる主たる事項をまとめたものが表2-1である。

表2-1　明治期から高度経済成長期までの児童福祉史年表

| 年 | 内容 |
|---|---|
| 1871（明治4）年 | 棄児養育米給与方を決定 |
| 1873（明治6）年 | 三子出産の貧困者へ養育料給与方を決定 |
| 1874（明治7）年 | 恤救規則を制定 |
| 1887（明治20）年 | 石井十次，岡山孤児院を設立 |
| 1891（明治24）年 | 石井亮一，孤女学院を設立 |
| 1897（明治30）年 | 石井亮一，滝乃川学園に改称 |
| 1899（明治32）年 | 留岡幸助，東京に家庭学校を設立 |
| 1911（明治44）年 | 工場法制定（1916年施行） |
| 1914（大正3）年 | 留岡幸助，北海道家庭学校を設立 |
| 1929（昭和4）年 | 救護法制定 |
| 1933（昭和8）年 | 少年救護法（←感化法）・児童虐待防止法を制定 |
| 1937（昭和12）年 | 母子保護法制定 |
| 1945（昭和20）年 | 戦災孤児等保護対策要綱実施 |
| 1946（昭和21）年 | 浮浪児その他児童保護等の応急措置実施に関する件を決定<br>主要地方浮浪児等保護要綱を決定<br>（旧）生活保護制定により母子保護法廃止 |
| 1947（昭和22）年 | 児童福祉法の制定により少年救護法・児童虐待防止法廃止 |
| 1948（昭和23）年 | 浮浪児等根絶緊急対策要綱を決定<br>国民の祝日に関する法律を公布，「こどもの日」制定 |
| 1951（昭和26）年 | 児童憲章を制定 |
| 1961（昭和36）年 | 児童扶養手当法制定 |
| 1963（昭和38）年 | 3歳児健康診査実施 |
| 1964（昭和39）年 | 厚生省児童局を児童家庭局に改称<br>福祉事務所に家庭児童相談室を設置<br>母子福祉法制定 |
| 1965（昭和40）年 | 母子保健法制定 |
| 1966（昭和41）年 | 特別児童扶養手当法制定 |
| 1971（昭和46）年 | 児童手当法制定 |

### (4) 高度経済成長期以降の児童福祉

　浮浪児対策を中心とした戦後処理が一通り終わった1960（昭和35）年以降，急速な産業化により高度経済成長を成し遂げた日本は社会や家庭状況が変化する中で，新たな児童福祉施策の展開が要請された。子どもは将来を支える労働力として再認識され，「人づくり」政策の一環として児童福祉施策は展開され

た。すなわち経済成長を支える良質な人材養成を家庭の至上課題とし，それを可能にするうえで家庭養育が重要であると認識し，欧米諸国の発達心理学理論などを援用することを通して家庭養育の重要性を強調した。1963（昭和38）年には子どもの健全な成長のために疾病や障害の早期発見・治療へとつながる3歳児健康診査制度が創設され，1965（昭和40）年には母子保健法が制定された。また家庭養育の強調は保育政策にもっとも反映されている。1961（昭和36）年に「児童福祉法による保育所への入所基準について（児童局長通知）」が通知され，「保育に欠ける」の内容について「母親の居宅外労働」「居宅内労働」「母親のいない家庭」「疾病の看護」「家庭の災害」等と具体的に定め，同居の親族が児童の保育にあたることができる場合や，父親が母親と同じ居宅内労働に従事しており，かつそのための使用人がいる家庭を除くと規定し，入所基準が厳格に規定された。

当時想定以上の経済成長率を達成する一方で，家族状況の変容を高度経済成長がもたらした歪みとし，家族機能の強化と家族の存在意義についてのイデオロギー的強化を図ることを目的に家族重視政策がとられるようになる。この一環として保育所入所基準を厳格化し家庭保育を強調していたと捉えることができる。さらに1964（昭和39）年には，厚生省児童局を児童家庭局（当時）に改称することにより，家庭を重視する姿勢を明らかにするとともに，家庭支援体制を強化するために福祉事務所に子どもに関する相談に応じる家庭児童相談室が設置された。

しかしながら一方で高度経済成長による労働力不足や，女性の就労意欲の高まりなどを背景に保育ニーズが急激に増大し保育所が増設されるが，その増設は量的・質的に保育ニーズに追随できず，ベビーホテルと呼ばれる認可外の民間営利的保育施設に子どもは預けられ，劣悪な保育環境の中で生命の危機にさらされる乳幼児もいた。その後保育所の量的拡大と同時に，多様化する保育ニーズに対しても認識され，多様な保育サービスのあり方が論じられるようになる。

## (5) 少子化対策から次世代育成支援へ

1990年（平成2）度の合計特殊出生率が丙午の年（1966年）の出生率を下

回り1.57ショックと呼ばれた。その後，少子化が社会問題として取り上げられ，それへの対策として保育サービスを中心とした子育て支援のあり方が論じられるようになる。1994（平成6）年には，いわゆるエンゼルプラン（「今後の子育て支援のための施策の基本的方向について」当時の文部・厚生・労働・建設4大臣合意）が策定され，その考え方に基づき保育サービスに関する具体的整備目標を明らかにした緊急保育対策等5か年事業（「当面の緊急保育対策等を推進するための基本的考え方」大蔵・厚生・自治3大臣合意）が策定された。また『厚生白書（平成10年版）』では「**3歳児神話**には，少なくとも合理的な根拠は認められない」と述べ，これまで定着してきた子育てに関する「3歳児神話」や「**母性神話**」といった言説に対し，懐疑の目を向けている。さらにジェンダー意識に基づいた母親に負担が集中する子育てのあり方の見直しの必要性についても論じられている。すなわち子育て支援においては，子育て支援サービスの整備のみならず意識変革をも視野に入れ，子育ての社会化や共有化を促進することが親・子ども双方にとって重要であると認識されるようになってきた。

1999（平成11）年にはいわゆる新エンゼルプラン（「重点的に推進すべき少子化対策の具体的実施計画について」），2002（平成14）年には少子化対策の一層の充実に関する提案として「少子化対策プラスワン」が出された。さらには2003（平成15）年には次世代育成支援対策推進法（10年間の時限立法，さらに10年の延長）および少子化社会対策基本法が制定された。前者は，急速な少子化の進行は経済社会全体に深刻な影響を与えることから，国・地方公共団体・企業等が一体となって少子化の流れを変えるもう一段上の少子化対策を進める必要性があるとした。それは単なる少子化対策ではない次世代育成支援という考え方に基づき，次代の社会を担う子どもが健やかに生まれ，かつ育成される社会の形成に資することを目的とし，国，地方公共団体，事業主，国民が担う責務を明らかにした。とくに市町村，都道府県，事業主（従業員101人以上は

---

**3歳児神話**　子どもは3歳までは，常時家庭において母親の手で育てないと，子どものその後の成長に悪影響を及ぼすという考え方。

**母性神話**　子どもの養育意欲や，子どもへの積極的思いを女性に備わった天与の資質と捉え，こうした女性の資質を優しさや包容力，自己犠牲を厭わぬ献身的な愛の能力と結びつけて理想化する考え方。現実には子どもへの養育態度や養育意欲は，天与の資質ではなく，環境による影響が大きい。

義務,それ未満は努力義務)は,それぞれ行動計画を策定し,達成しようとする目標,内容,実施時期等を定めて集中的・計画的に取り組みを進めることとされた。後者は長期的な視点に立って的確に少子化に対処するため,少子化社会において講ぜられる施策の基本理念を明らかにするとともに,国,地方公共団体の責務,少子化に対処するために講ずべき施策の基本となる事項,その他の事項を定めることにより,少子化に対処するための施策を総合的に推進し,国民が豊かで安心して暮らすことのできる社会の実現に寄与することを目的としている。その後,2004(平成16)年には「子ども・子育て応援プラン」が出され,子育て支援施策の充実がなされてきた。保育サービスを充実するだけではなく,労働施策のあり方をも見直し,ワーク・ライフ・バランスに配慮した総合的な施策の展開が求められた。

　その後「子ども・子育て応援プラン」が見直され,「子ども・子育てビジョン」が2010(平成22)年に策定された。「子ども・子育てビジョン」では,子どもが主人公(チルドレン・ファースト)と位置付け,「少子化対策」から「子ども・子育て支援」へ考え方を転換し,社会全体で子どもと子育てを応援する社会の実現を目指している。2010(平成22)年度から2014(平成26)年度までの今後5年間で目指すべき施策内容と数値目標を盛り込み,今後は,同ビジョンの着実な実施に向け,取り組んでいくこととしている。また,「明日の安心と成長のための緊急経済対策」(2009(平成21)年12月閣議決定)および「子ども・子育てビジョン」においては,幼保一体化(財源・機能の一元化)を含む新たな次世代育成支援のための包括的・一元的な制度の構築について,2011(平成23)年通常国会までに所要の法案を提出するとされた。このため,2010(平成22)年1月29日には,関係閣僚を構成員とする「子ども・子育て新システム検討会議」が開催され,子ども・子育て新システムの議論が進められ,「子ども・子育て新システムの基本制度案要綱」が決定された。さらに全閣僚で構成する少子化社会対策会議において同要綱が決定された。その後,子ども・子育て支援法が制定され,すべての子どもに良質な成育環境を保障する等のため,子どもおよび子育ての支援のための給付の創設並びにこれに必要な財源に関する包括的かつ一元的な制度の構築等の措置を講ずることとなった。

　こうした考え方に基づき,2012(平成24)年には,幼児期の学校教育,保育,

地域の子ども・子育て支援を総合的に推進するため、子ども・子育て支援法、いわゆる認定子ども園法（就学前の子どもに関する教育、保育等の総合的な提供の推進に関する法律）の改正、関係法律の整備法からなる子ども・子育て関連3法案が提示され、給付構造について明らかにされた。子ども・子育て支援法には子ども子育て支援給付や地域子ども・子育て支援事業が規定され、前者には、現金給付（児童手当）と教育・保育給付があり、教育・保育給付は施設型給付と地域型給付に分けられる。施設型給付の対象施設には保育所、幼稚園、認定こども園があり、地域型給付の対象事業には小規模保育事業、家庭的保育事業、居宅訪問型保育事業、事業所内保育事業がある。地域子ども・子育て支援事業には、地域子育て支援拠点事業、一時預かり事業、乳児家庭全戸訪問事業、延長保育事業、病児・病後児保育事業、放課後児童健全育成事業、子育て短期支援事業、妊婦健診、子育て援助活動支援事業（ファミリー・サポート・センター事業）、利用者支援事業などがある。利用者支援事業は子どもや保護者の身近な場所で、教育・保育施設や地域の子育て支援事業等の利用について情報収集を行うとともに、それらの利用に当たっての相談に応じ、必要な助言を行い、関係機関等との連絡調整等を実施する事業であり、「基本型（主として、行政窓口以外で、親子が継続的に利用できる施設を活用）」「特定型（主として、行政機関の窓口等を活用）」「母子保健型（主として、保健所・保健センター等を活用）」に分けられる。

# 3章 現代社会における子育て・「子育ち」の状況

## **1** 未就学児の状況とその課題

### (1) 未就学児の状況と諸外国との比較

　日本における3歳未満児の認可保育サービス利用率は約2割であり，相対的に出生率の高い先進諸国であるフランスやスウェーデンの認可保育サービス利用率の半分以下となっている。こうした背景には大別して，①保育所需要に対する供給不足や，サービスにおける利用者ニーズとの齟齬，②子育て観の反映，③経済的要因といったことがあげられる。

　①に関しては，昨今の著しい少子化にもかかわらず保育所の利用児数は増加しており，3歳未満児の保育所待機児童割合は全待機児童数の半数以上を占めている。都市部の多くではこの割合をさらに上回っている。受け入れる保育所が足りず，保育所を利用したくても利用できない状況が存在する。こうした状況は市町村の保育実施責任の問題として捉えられ，過渡的・緊急一時的対応として認可外保育所が提供されており，それが「その他の保育施設」に含まれていると考えられるが，全体に占めるその割合は小さい。また親の就労時間帯と保育所の開所時間帯とに齟齬があるため，利用できないといったことが考えられる。②に関しては，近年，子どもの成長・発達の観点からも，子育ての社会化の必要性が強調されてきたが，今日においても「保育所は親のための施設」といったイメージが色濃く残っているのではないだろうか。「保育所に預けられてかわいそう」といったことばに象徴されるように，親が養育できなくても，幼少期はできるだけ家庭で親族が養育しようとする意識がそこには存在するのではないだろうか。③については，とくに低年齢児の親にとって保育料の負担が重く，保育料の支出をできるだけ控えたいという意識から，祖父母に頼るということも考えられる。

　子育ての社会化の必要性は意識されながらも，日本における保育サービスを中心とした少子化対策費は出生率の高いヨーロッパ先進諸国のいくつかの国々

より低い。財源を確保して保育サービスの充実を図る必要性はいうまでもないが、それを有効に活用するうえで、子育ての社会化や共有を前提とした子育て観の醸成および労働意識や労働環境の改善は重要なテーマである。私事化した子育てを物理的・経済的に社会化し、社会と共有することこそが、新たな保育サービスの創造・充実・活用を生み出し、結果的に出生率の増加に寄与するのではないだろうか。

### (2) 子どもの成長・発達の場

一般的に子どもの成長・発達の場を①家庭、②地域社会、③保育所や学校といった制度化された場の以上3つに分け、①での成長・発達を一次的社会化、②での成長・発達を二次的社会化、③での成長・発達を三次的社会化と呼んでいる。子どもの成長・発達はこの3つの場で相補的関係を維持しながらなされるが、それぞれの場のあり方は社会状況の変化とともに変容してきた。二次的社会化の場である現在の地域社会に目を向けると、生産活動過程での地域関係の必要性がなくなり、そのため近隣関係が希薄化し、地域住民にとって地域という場が存在してもコミュニティという地域関係を基盤にした生活の場としての認識は薄れている。そのため現代社会では二次的社会化が脆弱化し、一次的社会化および三次的社会化の場への負担が増すことになる。

## 2 現代社会における子育て観とその問い直し

### (1) 母性の強調

こうした状況の変化は、第一次的社会化の場における主たる養育者である母親とその子どもにさまざまな影響を与えている。母子密着を要因とした育児不安、子どもの発達過程における社会関係の欠如など、母親および子ども双方にとって好ましくない状況を生み出してきた。これまで子育てにおいては、母親のかかわりのあり方の重要性が強調されてきたが、母子関係を重要視する風潮に対し疑問の声もある。母子関係のあり方が子どもの一生を左右するような捉え方が、これまで母子密着を生み出し、子育て不安やノイローゼ、家庭内虐待を生み出してきた一面もある。また乳幼児期の子どもを抱えながら働く女性に

は，罪障感や不安を与えてきたともいえるからである。

　しかしながら母性強調の風潮は，育児に関する神話とともに根強く存在する。育児にかかわる神話とは，いわゆる「3歳児神話」や「母性神話」（2章注を参照）といったものである。これらの神話について，当時導入された資本主義体制の維持強化とそのために必要とされた性別役割分業を支える理念であったと考えられるが，こうした母性観は，その後もさまざまな政治的経済的な要請に応じて強化され，今日に至っていると指摘されている。たしかにこういった育児神話はあたかも古来から母親が子育てに専念してきたような錯覚をわれわれに与え，社会を維持するうえでの性別役割分業を強調する役割も果たしてきたといえる。

　また母性概念の問い直しもなされている。たとえば子どもの成長・発達には多様な人々の支えが必要であり，性別役割を前提とした母性・父性といった概念ではなく，誰もが子どもの発達に関心を抱き，育児にかかわれることを理念とする「育児性」や「養育性」ということばに転換すべきであるという主張も見られる。

## (2) 階層的組織化モデル論から統合的組織化モデル論へ

　子育ては古くから母子関係以外の関係によって大きく支えられてきた。高度経済成長期以降そうした母子関係以外の関係性が減少・希薄化し，とくに近年その傾向を強めてきた。地域と家庭を隔てる境界は強化され，養育責任を家庭や保護者へのみに委ね，いい加減な子育てを許さない社会の風潮を強化しているようにも感じられる。保護者は「この子を私が責任をもって育てなければ」「親のできは子どものでき」という意識や，子どもに対する所有物観思想を強化してきた。また家庭の閉鎖化は子どもに対する保護者・世帯影響を肥大化させ，生まれ育った家庭とその後の人生の相関関係が顕著となり，さらに保護者の意向が「子どもの最善の利益」にすり替えられやすい社会が形成されてきた。

　これまで養育は母子関係の形成を基盤に据え，その関係性が人間関係の基盤となり，それが十分に形成されるまではその関係形成に母親は専念しなければならないという考え方が主流であった。これは階層的組織化モデル論と呼ばれ，現在ではそうした捉え方は批判され，統合的組織化モデル論という考え方が提

示されている。人間は生まれた直後から複数の他者からなる社会的ネットワークの中で育ち，関係を統合して発達している。母親との関係が子どもの発達のあり方を決定するわけでは決してない。

　階層的組織化モデル論の考え方は，母親など特別の対象者の影響を前提とするが，統合的組織化モデル論は，母親以外の対象者も対等に影響すると考え，いくつかの養育関係を統合してそれを形成するという見解に基づいている。母子関係という二者だけを問題にする枠を越える必要性や，アタッチメント形成を乳幼児期に限定せず，生涯を通して形成されるという見解についても論じられてきた。養育関係を母子という二者関係に限定する階層的組織化モデル論がもつ強力な信念に阻まれて，養育の社会化が阻害されてきた面もあるのではないだろうか。

## 3　社会的子育て観の醸成

　社会は子育てがインフォーマルな関係の中で共有され，社会が意図的にかかわる必要のなかった状況から，そうしたインフォーマルな関係での共有化が困難な社会へとこれまで変化してきた。近隣関係の希薄化や少子化といった本来的には，意識的な子育ての共有化が必要な状況になってきたが，現代社会では意識面および実態面双方において子育ての私事化が顕著となり，そうした状況の中で親および子ども双方にさまざまな問題を生み出してきた。意識面での子育ての私事化はその社会化を遅らせ，家庭内でとりわけ母親に育児負担が片寄り，育児ノイローゼといった精神的問題をも生み出してきた。

　実親にのみ子どもの養育責任を委ねる風潮は，養育の社会的責任を曖昧化し，実親が養育能力が不十分な状況にある場合や，養育能力を十分に発揮し得ないような状況にある場合にも，実親に養育を絶対的に委託する傾向を生み出す。子育ての社会的責任ともいえる社会と親との育児におけるパートナーシップという考え方の浸透が不十分な中で，家庭での育児を強調することは，結局家庭への絶対的依存状態を生み出すこととなる。親による子どもへの影響が肥大化する中で，「親のできは子どものでき」といった捉え方も一般化し，親へのストレスは高まる傾向にある。

近年強調されている「私的わが子観」から「社会的わが子観」といわれるその意義は、決して社会が家庭に介入するということではなく、社会的存在としての子ども観に基づき、親を事前的かつ予防的に支えるために親と社会がパートナーシップを形成することにある。

しかしながら一方で、社会的支援を家族生活への公的介入と捉え、それに対する慎重な検討の必要性についても論じられてきた。たしかにこれまでの日本における歴史を振り返っても、国が個々の家族に委ねるべき子育てに口を出すべきではないという考え方が根強くあり、親権を尊重した方策がとられてきた。そこでは親がどうしても自分たちだけで養育が不可能になった場合に社会的介入がなされるという事後的、対症療法的介入がなされてきた。

パートナーシップという考え方は、児童福祉法第2条第3項の「国及び地方公共団体は、児童の保護者とともに、児童を心身ともに健やかに育成する責任を負う」や、児童の権利に関する条約第18条第2号の「締約国は……父母及び法定保護者が児童の養育についての責任を遂行するに当たりこれらの者に対して適当な援助を与えるものとし」といった規定にも見られ、こうした理念の一般化が課題といえる。しかし、子どもが将来の社会を担う存在であることや、家庭や地域社会における育児機能の低下などを考えると、子育てに関しては、保護者（家庭）を中心としつつも、家庭にのみ任せることなく、国や地方自治体をはじめとする社会全体で親を支援していくこと、いい換えれば、家庭と社会のパートナーシップのもとに子育てを行っていくという視点が重要である。保育所を中心とした子育て支援サービスの充実を図りつつ、家庭に対し子育てに関する情報を提供し、親の主体性を尊重しながら、親の選択権、不服申し立て権を保障し、子育てを支えるという考え方が今後必要であろう。

## 4　青少年期の「子育ち」の状況

かつて地域社会には、子どもから大人になる過程を支えるさまざまな仕組みがインフォーマルな形で存在していた。また家庭内においても多様な親族が存在し、それらとのかかわりの中で、生活する術を学びとることが可能であった。さらに家庭と地域との境界は曖昧であり、今日のように家族が地域から家庭の

中へと引きこもり、そこで親が子どもの養育を独占的に行うということはなかった。このような変化の中で、現代社会において多感かつ不安定な時期である少年期を、大人になる過程として生き抜くことは困難となってきた。少年期の子どもたちの状況を語るときに、「生きづらい」「キレル」「ムカツク」といったことばが使われるが、それもこうした状況を象徴することばといえよう。

ここでは社会の変化に焦点を当て、少年期の「生きづらさ」を創り出している背景について述べ、社会的に少年期を支える仕組みをいかに保障するかについて論じる。

## (1) 家族状況の変化

これまでさまざまな要因から家族状況は変化してきた。家庭では家族成員間の情緒的つながりを重視し、地域社会との一定の境界が維持される場において、子どもは家庭の中心に位置し、そこにおいて基本的に育てられる。しかしながら世帯規模の縮小化、少子化などが進行し、地域関係が希薄化する中で、親子間にストレスが生まれ、親子関係が悪循環に陥っていくことが一般化してきた。きょうだい数が減少し、親の期待を一身に背負う子ども、不在がちな父親の分まで子どもにかかわろうとする母親、子どもにとって心理的に不在化した父親といった家庭の姿が現在では当然となってきた。すなわち夫婦関係が希薄化する一方で母子関係が密着化し、世代間境界が曖昧化し、子どもの対人関係が限定され自立を阻害する状況も生じてきた。

学歴至上主義が一般化し、親の価値観もそれに影響され、その価値観に基づいた評価が、親の子どもへのかかわりにおいて常時なされる。子どもは地域社会や学校においても、そうした価値観から解放されない状況の中で、子どもが「生きづらさ」を感じ、そのはけ口が家庭や学校に求められる状況は理解できよう。

## (2) 地域社会の空洞化

かつて家庭と学校の間には、地縁や血縁を基盤にした多様な共同体（コミュニティ）が緩やかな連続性をなして存在していた。伝統的に共同体は親の仕事の手伝い、仲間遊び、若者組、通過儀礼といった子どもが社会化するシステム

を保持しており，少年期の子どもたちはこれらを介して，協調性や共同体独自の規範意識を身につけたり，職業教育や性教育を受けていたといえる。

しかしながら，これまで述べてきたさまざまな要因から地域社会の状況がますます変化し，子どもが地域社会の中で育つことが困難となってきた。こうした状況を共同性の崩壊と呼ぶことができる。このような社会では子どもの地域での対人関係は極めて限定され，子どもの自立を地域社会の中で支えることが困難となってきた。

## (3) 学校と価値観の画一化

共同性が崩壊し，地域での人間関係が希薄化する中で，子どもの人間関係は学校を中心に形成され，学校における画一化された価値観のもとで多くの時間を過ごすことになる。画一化された価値観とは，学歴至上主義，成績至上主義，学力至上主義に基づいた価値観であり，それはいかなる地域の学校においても共通した価値観である。学校での生活は子どもたちの生活の大部分を占め，その画一化された価値観は地域や家庭にも影響を与える。こうした状況は「**学校化社会**」と呼ばれ，その中で生活する子どもたちは当然息苦しさを感じることになる。しかし地域や家庭にはそこからの逃げ場や，安心して時間を過ごせる居場所がなく，生きづらさを感じている者は多いのではないだろうか。

このような生きづらさを取り除くために，学校では「個性の尊重」や「自己実現」の重要性が説かれ，成績評価や教材の見直しがなされ，改善策が図られてきた。しかしながら，学歴社会・受験体制という大きな枠組みが維持された社会の中での取り組みには限界がある。こうした状況の中でほとんどの子どもたちは早くから塾や習い事に忙しく，学校の友人との関係を深めることも困難な状況である。

子どもの発達にとって必要なことは，自分自身の有用感や，自尊感情を高めること，すなわち親，友人，教師などから自分の存在が認められ，必要とされていると感じることであり，それを可能にする価値観の醸成，教育場面での時間的ゆとり，子どもや教師の精神的ゆとりが保障される必要がある。

---

**学校化社会**　学校的価値観（偏差値一元尺度）が学校以外にも浸透する社会。

## (4) 早期教育とモラトリアム期間の長期化

　早期教育ということばに象徴されるように，子どもに対する知識注入の必要性が，学校化された価値観が一般化する中で意識されるようになってきた。子どもは子ども期をその特有の時期として生きることが困難となり，大人になるための控えの時期として捉えられ，子ども期として何が必要かではなく，大人になるためには何が必要かという観点から子どもの生き方を考えることが当たり前となってきた。一方，フリーターやパラサイトシングルに象徴されるようにモラトリアム期間は延長化し，思春期問題も長期化傾向にある。生き方が多様化する中で子ども期における生き方においても，学校化された価値観から多様な価値観に転換していくことが必要ではないだろうか。

## (5) 地域社会における居場所の必要性

　人間関係が不足しがちな現代社会の子どもにとって，自らの存在感を実感できる機会は極めて限定されている。こうした状況の中で自尊感情や生きていく自信を育むことが困難となってきている。生活していくうえでの基本となる多様な人との信頼関係を社会的に形成できる場が求められている。それは子どもが大人から管理や評価をされず，子どもにとって心の拠り所となり，子どもの社会化を促す場である必要がある。先に述べたように，元来このような機能は地域社会の中に存在していたが，地域社会の共同性は失われ，そのため社会的にそれを補うシステムを意図的に創り出すことが求められている。近年その機能を地域の中に比較的多く存在する児童館などに見出そうとする取り組みが見られる。児童館はこれまで乳幼児期や学童期の子どもの遊び場であったが，思春期以降の子どもの居場所として位置付けられる可能性がある。子ども同士の縦横の関係，親でも教師でもなく学校的価値観に基づいた評価手段をもたない大人との関係の中で，自らの存在感を自覚した事例が，各地の児童館で紹介されている。児童館職員との日常的な人間関係，子ども同士の信頼関係を基盤に，児童館は地域の関係機関と連携し思春期の生活を支えていく必要があろう。

　子どもの成長・発達は決して児童館という拠点が与えられただけでは保障されないし，1つの拠点だけで担いきれるものでもない。地域の人的，物的，インフォーマル，フォーマルな資源と連携し，それらを活用しつつ子どもたちを

支援するという視点が重要である。それらの連携は子どもを支えるネットワークであると同時に，援助者を支えるネットワークでもある。このように子どもにとっても援助者にとってもこうした支えは必要不可欠である。したがって援助者には，多様な資源と連携を図ることができる役割が期待されている。そうした役割が積み重なることにより，点として存在していた拠点が線で結ばれ，さらに面となって子どもの成長・発達を支えることとなる。地域社会で面としての養育機能が失われた中で，社会的に面を創り出していくことが必要となってきた。

### (6) 子どもへのかかわり

これまで述べてきたように，子どもは拠点が与えられるだけでは発達が保障されない。拠点の中での多様な人々との出会いや，援助者とのかかわりが適切に保障され，そうした拠点が多様な形で確保される必要がある。援助者が子どもの信頼を得ることが基本であり，それを得るためには大人の価値観を押しつけてはいけないということである。また，これまでの子どもを「教育」「指導」するという考え方から，子どもに「寄り添う」「向かい合う」「側面的に支援する（イネイブラー）」という考え方に転換していく必要もある。そうした環境が確保されることにより，子どもは自ら「有用感」を感じ，自らの責任を自覚できるようになるといえよう。

**参考文献**
大日向雅美『母性神話とのたたかい』草土文化，2002年。
汐見稔幸『幼児教育産業と子育て』岩波書店，1996年。

# 4章 家族支援が要請される背景と家族支援の目的

## ❶ 児童福祉において家族支援が強調される背景と家庭養育の強調

### (1) 家族支援が強調される背景

近年,児童福祉分野において家族支援が強調される背景は表4-1に示すように,4点に集約して考えることができる。

表4-1 児童福祉現場において家族支援が必要とされる背景

| 社会状況 | 内　　容 |
|---|---|
| 1. 地域・家族状況の変化 | (1) インフォーマルな養育支援機能の低下<br>(2) 家族の閉鎖・孤立化 |
| 2. 養護児童の状況変化 | (1) 実親が存在する養護児童の増加<br>(2) 実親と子どもとの関係統合を視野に入れた実践の要請 |
| 3. 親による虐待の顕在化・増加 | (1) 予防的視点からの子育て支援の必要性<br>(2) 事後対応としての介入型援助の必要性 |
| 4. 施策動向 | (1) 子育て短期支援事業,乳児家庭全戸訪問事業,養育支援訪問事業,地域子育て支援拠点事業,一時預かり事業などの新たな事業の適切な提供<br>(2) 児童家庭支援センターなどの機関の設置<br>(3) 児童福祉法・児童福祉施設の設備及び運営に関する基準改定に基づく子育て支援・家庭環境の調整の要請<br>(4) 次世代育成支援施策からの要請 |

まず第一に,「1. 地域・家庭状況の変化」にあるように,地域養育支援機能の低下に伴う家庭養育の困難性をあげることができる。近隣や親族といったインフォーマル資源による支援機能が低下する一方で,家庭における養育負担が増加傾向にある。孤立化した育児状況にある親のわが子や育児に対する否定的感情の顕在化や,核家族世帯における共働きの一般化に伴い,精神的にも物理的にも社会が家庭養育を支援するという考え方が,社会的に要請されてきた。

第二に,「2. 養護児童の状況変化」にあるように,児童養護施設や乳児院といった社会的養護の場で生活する多くの子どもたちに,実親のいずれかが存在

することから，社会的養護の場において，家族の再統合を目的とした家族支援が，重要な実践として位置付けられるようになってきたことがあげられる。

　第三に，「3. 親による虐待の顕在化・増加」にあるように，1990年以降，家庭内における子どもへの虐待が顕在化し，それへの支援や介入が重要なテーマとして取り上げられるようになってきたことがあげられる。

　第四に，「4. 施策動向」にあるように，第一から第三の状況を踏まえ，家族支援を視野に入れた新たな社会的施策が新設されたことや，家族支援に関する新たな法律上の規定がなされたことがあげられる。施策としては，たとえば子育て短期支援事業，育児支援家庭訪問事業，地域子育て支援センターなどの在宅福祉サービスや，相談事業の設置および，乳児院，児童養護施設，児童心理治療施設，児童自立支援施設における家庭支援専門相談員（ファミリーソーシャルワーカー）の配置などをあげることができる。

　法律においては，市町村における子育て支援の実施に関する努力義務や市町村による子育て支援に関する情報提供が児童福祉法に規定された。児童福祉施設の設備及び運営に関する基準において，子どもの自立を目的とした家庭状況に応じた家庭環境の調整義務について規定された。児童福祉法においては児童家庭支援センターが規定され，児童福祉施設における地域を対象とした家族支援が強化された。

　また，近年，次世代育成支援という観点から，企業および自治体における行動計画の策定が次世代育成支援対策推進法に規定され，社会全体で各家庭における子育てを支援する必要性が改めて強調されたことがあげられる。

　これまで地域や親族関係の希薄化に伴う，養育機能の低下を家庭養育の社会化と社会的支援サービスの整備によって補うという考え方と，家庭養育の大切さを強調し親の養育態度や能力を改善するという考え方とが並存して施策づくりがなされてきた。

　後者の考え方においては，子どもの育つ基盤である家庭に焦点を当てることで，親責任が強調される傾向にある。近年話題となった教育再生会議の「親学」の提唱においても，そうした背景が読み取れる。また，2007年に改定された「児童虐待の防止等に関する法律」や「教育基本法」においても，子どもの育成や教育における親の第一義的責任が新たに規定された。このような動向

は，揺らぎ始めた子育てにおける家族の位置付けを強化することを目的としていると理解できる。

家庭養育が強調され，母親が中心となって子どもを養育するという近代型の子どもと家族の関係構造は，1920年代から一部の都市中間層に浸透し，高度経済成長期を経て一般化したとされている。父親が外で働き，母親が家事・育児に専念し，教育やしつけに注意を払った子育てをするという家庭像は決して人類普遍の営みではなく，長い歴史のほんの一部の時期における家庭像にすぎない。

子育ての営みは親に限定されない地域や，親族を基盤にした多様な人々が関与する中で行われてきた歴史のほうがずっと長かった。また，子育てはそうした多様な人々の関与があって成り立つものであるといえる。このように捉えれば，地域や親族間での相互支援機能の低下が，家庭に過重な養育機能を求め，それに押しつぶされそうな家庭がとくに現在増加していると考えることができる。あるべき家庭像や援助者の価値観に基づき，問題ある親を指導するという姿勢ではなく，押しつぶされそうな親に対し，社会的支援サービスを提供するとともに，その押しつぶされそうな困難な状況にある親への共感に努め，親に寄り添うという姿勢が基本的には必要とされる。

いうまでもなく，子ども虐待に象徴されるように，親の意向と子どもの安全・安心の保障に基づいた援助内容とが矛盾する場合などが想定され，子どものそれらを保障するために，ときには親の意向に反しての強制介入を要する場面も存在する。しかしながらそうした状況に陥ったとしても，社会的援助機関には親との信頼関係に基づいた関与の必要性もあり，どのように信頼関係を回復するかが，重要なテーマとなる。「子ども中心」ということを理念的には理解していても，それを実践現場で具体化する場面でこうしたジレンマに遭遇することが生じる。いかに親と子どもに対して関与するべきかというテーマは，児童福祉実践における永遠の課題といえよう。

---

**親学**　安倍政権時に設置された教育再生会議において，親のあり方について説いたもの。たとえば「子守歌を聞かせ，母乳で育児」「授乳中はテレビをつけない」「5歳からはテレビ，ビデオを長時間見せない」「親子で演劇など芸術を鑑賞」「早寝早起き朝ごはん」「父親もPTAに参加」「自治体で親学講座を実施」など11項目に及ぶ。

## 2 現代社会における家族の状況

### (1) 家族の揺らぎ

　日本で家族の親密性が強調されたのは，明治以降の近代化と近代天皇制イデオロギーの形成に際しての「イエ」や「家庭」の強調と深くかかわっている。しかし家族員が家族を心の拠り所として，その存在意義を見出すような意味での親密性が現れてきたのは，高度経済成長期以降であるとされている。

　近年公表された「日本人の国民性調査（統計数理研究所）」で，「あなたにとって一番大切なものは何か」との問い（「生命・健康・自分」「子ども」「家族」「家・先祖」「金・財産」「愛情・精神」「仕事・信用」「国家・社会」から１つ選択）に半数近くの者が「家族」と答え，この設問で調査を始めた45年前の12％から４倍近くに増加していることが指摘されている。また「国民生活に関する世論調査（総理府）」によると，家族を「団らんの場」「休息・やすらぎの場」「家族の絆を強める場」といった心の安らぎを得る場として捉える者が多いことも明らかにされている。

　このように家族の「心理的絆」の大切さをほとんどの人が認めていることは明らかであるが，こうした状況について，人々の心の中には家族に対するある種の幻想への心理的固執が読み取れるということが指摘されている。1980年代後半以降，日本社会の家族動向について２点指摘され，１つは家族からの個人の自律，家族の個人化であり，もう１つは依然として人々の家族への関心がいかに高いかを示すデータや意見が出されていることであるとされている。前者では家族のまとまりより，個人の権利を優先した考え方が強く押し出され，後者では先に示した調査結果を使い「家族への回帰が起こっている」とか，「家族志向が強まっている」といった捉え方がなされている。実態は別として意識的には，「個人化」が指摘されながらも，家族幻想への強い固執が依然として継続しているといえる。

　一方で，「やすらぎ」としての家族とは矛盾する家族の暴力的側面も近年明らかとなってきた。家族に社会が介入することが困難なため，家族では他者に暴力をふるうことが容易に行われ，家族は不平等の中心であって，力と暴力がこの領域では正当化されると論じられている。臨床経験から家庭が外界の圧力

や緊張から人々を守ってくれる「安全装置」であるという概念が，実は家族の中に存在する種々の暴力を隠蔽する役割を果たしているとの指摘もある。近代家族のもつ暴力的側面が顕在化し，家族＝親密圏という捉え方に対し，疑いのまなざしが向けられると同時に，家族に対する社会的介入の必要性が実践面で認識され始めた。

　近代社会において，家族がつくる親密圏や家族の自己決定権を，他者が乱さないようにするというお互いの暗黙のルールが創り出され，人々は他人の家族への余計な関与を慎むようになったことと引き替えに，周囲の人間を立ち入らせない家族のプライベート空間を享受できるようになった。そうした状況は家族の凝集性を高めてきたと同時に，弱い立場にある子ども，女性，高齢者への暴力の潜在化を促してきた。すなわちロマンチック・イデオロギーに基づいた親密圏や共同体は，これまで弱者の沈黙を前提に成立してきたと理解できる。家族の「プライバシー尊重」という考え方が，さらにこうした状況を強化してきたといえよう。

### (2) プライバシーの尊重と家族の閉鎖化

　日本における近代家族の特徴の1つとして，「社交の衰退とプライバシーの成立」があげられる。歴史的に産業化と近代家族の誕生による地縁・血縁に基づいたインフォーマル支援ネットーワークの衰退が，ソーシャルワークの誕生と深く関連している。近代家族に大きく関与する「愛情イデオロギー」と「プライバシー尊重イデオロギー」は，地域・親族関係の希薄化と家族の閉鎖化を促進してきた。

　家族の閉鎖化は家族への社会的介入を困難とし，家庭内暴力の潜在化・継続化・深刻化をもたらしてきた。イデオロギー化したプライバシーにしがみつくことは，単なる専門職としての免責性へのしがみつきであると論じられているように，強者の側にいる専門職の保身のために「プライバシー尊重」が使われ，むしろ被害者（子ども）の人権侵害を放置してきた面もある。家族内での人権侵害は「家族のプライバシー尊重」と「子どもの人権保障」が矛盾する面もあり，「プライバシー尊重」が強者の論理で使われる危険性がある。それは家族のオートノミーの尊重が，個人（子ども）のオートノミーや権利を侵害してい

ると換言できる。

　実践過程において配慮されなければならないことは，被害者の安全であり，被害者の主体性やオートノミーである。虐待は個人のプライベートな身体や精神への不当な介入であると同時に，被害者の主体性や当事者性（被害者としての自覚）を奪うこととなる。そうした状況にある者への支援においては，被害者の安全やオートノミーの保護が重要である。ところが現実には逆転し，加害者のそれらが守られ，被害者のそれらへの侵害が継続することがある。子ども虐待に対する支援はいわば「プライバシー尊重イデオロギー」との戦いであり，被害者である子どものプライバシーを尊重するために，加害者のプライバシーにいかに対処するかという戦略といえよう。

## 3　家族支援の対象・目的・実践の視点

### (1) 対象・目的

　さまざまな社会構造的問題を主たる要因として，家族員は多様な課題を抱える。現代家族は家族・親族間および地域での相互支援機能が低下する中で，こうした課題に対処する能力が低下してきている。家族支援の対象は，そういった課題の深刻化に伴う，精神的剥奪状況にある家族員個々である。家族支援の目的はその個々の家族員が精神的剥奪状況から回復を図り，「意欲」や「希望」に裏付けられた生活を再生することである。精神的剥奪状況とは，自尊感情の喪失に伴う自己否定感による生活意欲の喪失を意味する。生きていくうえでもっとも重要な生活への動機付けといった生活意欲の喪失状況である。自尊感情とは「かけがえのなさ」や「いのち」のアイデンティティと表現でき，自己安定性の柱であるといえる。自尊感情の回復がなされることにより，生活意欲が回復すると捉えれば，まずその自尊感情の回復を指向した実践が重要となる。自尊感情や生活意欲はストレングスやパワーといった潜在力を意味し，そうした内在的潜在力をいかに回復できるかが支援において問われなければならない。

### (2) 実践の視点

　家族への支援過程をいくつかのキーワードで示すと，「はなれる」「ひらく」

「つながる」「くわわる」「とりもどす」と表現できる。「はなれる」とは親子が一時的,継続的に個別に過ごすことを意味する。親子の状況に合った関係統合のあり方を模索することが重要である。「ひらく」とは家族内の実情を家族外に開示することを意味する。「ひらく」ことにより課題を継続化させていた家族内システムを変化させることが可能となる。「つながる」とは個々の家族員の家族を超えた新たな関係形成を意味する。そうした関係は家族員にとって重要である。「くわわる」とは自らにかかわりのあることを決定する過程に自らが参画することを意味する。「とりもどす」とはこの一連の過程で家族員が自らの潜在的力を実感し,自尊感情,自信,意欲などを回復することを意味する。これら過程を社会的に保障することこそが,家族の生活再生につながっていくと考えられる。

　クライエントを治すといったイメージは,いわば近代主義的な誤った発想であり,重要なのは本人が日常の関係性の中でどうつながりをもつかであると指摘されている。このように考えればつながりの再生に向けた動機付けが,現在のソーシャルワーク実践に強く求められている機能といえる。人間はつながりといえる人的ネットワークを通して支えられる必要がある。自然発生的コミュニティが機能しない中で,家族を支える意図的コミュニティを社会的に創り出す必要があるとともに,家族を支えるつながりを社会的に形成することが重要である。家族支援はそうしたつながりの再生をもっとも重要な機能としている。

　筆者は子ども虐待をこうしたつながりに基づいた自尊感情の回復という,いわば「心」の回復ですべて解決できるとは考えていない。虐待の医療化や心の問題化,虐待要因としての経済的要因への視点の希薄化についての指摘もある。そして社会構造的要因としての貧困問題が「心」の問題にすり替えられているとされている。たしかに経済的問題への視座は必要であり,経済的支援を中心とした物理的支援は重要である。しかし,継続的精神的剥奪状況に放置されてきた人が,物理的支援だけで回復することもまた困難である。その支援過程において,当事者の主体性を引き出すためには,そうしたことを可能にする心理的支援をも模索する必要性はいうまでもない。

**参考文献**

信田さよ子『アディクションアプローチ——もうひとつの家族援助論』医学書院,1999年。

1部　総論

# 5章　子ども支援の基本的考え方

　子ども虐待や愛着障害の顕在化により，それが子どもに与える影響に関する研究がなされてきた。たしかに，こうした体験は子どもの心に大きな傷跡を残し，その後の人生にも大きな影響を与える。子どもは社会的に脆弱（バルネラブル）な立場にあり，社会や家族の抱える課題の影響を受けやすい。子どもという時期そのものがバルネラブルな時期といえる。そのため子ども期が固有の時期として尊重され，さまざまな配慮がなされている。子どもへの暴力は子どもの生きていく意欲や希望を奪い，子どもの自己否定感や人に対する不信感を強め，その後の人生において大きな問題をもたらすといわれる。近年，子ども虐待を非行や犯罪との関係で捉える研究もなされている。

　しかしながら一方で，子ども時代の体験は後の人生に大きな影響を与えるといわれるが，そんなものに人の一生が規定されてしまうほど，人生の可能性は閉ざされてはいないともいわれ，人間の潜在力といえるレジリエンシーやストレングスという視点も提示された。脆弱な状況であるからこそ可塑性に富むともいえる。『〈傷つきやすい子ども〉という神話』（ウルズラ・ヌーバー著，丘沢静也訳，岩波書店，2005）で，ヌーバーは，子ども時代に受けた傷が，その後の人生に決定的な影響をもつとする広く流布した考え方の誤謬を指摘し，逆に人がいかに豊かな可能性をもつか，人生がいかにチャンスに富んだものであ

---

「子ども時代の体験は後の人生に大きな影響を与える」
　バルネラビリティ（社会的脆弱性），弱さ・問題点への着目

「子ども時代の体験は後の人生に大きな影響を与えるといわれるが，そんなものに人の一生が規定されてしまうほど，人生の可能性は閉ざされてはいない」
　　　レジリエンシー，ストレングスへの着目

るかを明らかにしている。

　これら言説を統合し双方の視点をもって子どもに関与することが重要である。「子どもの時間感覚」や「子どもの認知特性」を考慮すると，可塑性に富むだけに傷つきもしやすい。子ども期の1年は，大人期の1年に比較してその後の人生に与える影響も大きい。したがって年齢が小さいほどその否定的体験の予防と回復的支援を速やかに具体化することが必要である。また「子どもの認知特性」ということでいえば，子どもは自分が経験し，知っている世界がすべてとして認知する傾向にある。目の前で起こる否定的な体験は将来自分にも起こると理解したり，自分の体験で他者の状況を推測する傾向が強い。したがって子どもの目線で否定的体験を捉え，その影響の大きさを考えることが極めて重要である。小児癌で兄を亡くした子どもはその喪失感とともに，自分も将来癌で亡くなるという恐怖感を感じていたという。また，親が里親である家庭で育った里親の実子は一緒に暮らしていた委託児が家庭復帰した後，喪失感とともに自分にも起こり得ることとして理解していたという。さらに里親家庭で育っていた子どもは実子の立場を理解できず，自分と同じような立場でしか同じ家庭にいる子どもを理解できない傾向にある。こうした子どもの特性を踏まえ，子どもの立場から支援を構築することが重要である。

## 1　「時間の共有」と支援

　支援や援助ということばには，それを行う者の立場が強調されている。ある行為が援助や支援に値する行為であるかどうかは，それを受ける者の評価が重要な意味をもつ。行為を行う前からその行為を支援と呼ぶこと自体，支援者側の奢（おご）りと捉えることもできる。しかしながら受ける者自身にとっても，自分に対して行われた行為を，人生における意義という観点から，正確に評価できるものでもない。そこでは支援者側と被支援者側双方の評価という視点，相互に理解し合うという視点が重要である。

　あまりに効果が見られず，支援や援助と言い切ることが困難な場面もあり，支援や援助に代えて，「時間の共有」と捉えるほうが相互に意味があるように感じられる場合もある。お互いに歩み寄る時間が，目に見えて人を変えるほど

の影響はないかもしれないが、時間を共有したという記憶は残り、人生に意味をもたらすこともある。人間はある意味、思い出を拠り所に生きている側面があり、「時間の共有」を通して、思い出づくりがなされ、ときにはそれが拠り所となることを願って関与するほうが効果的な場合もあろう。「自立支援を行う」といった気負いをなくし、肩肘を張らずに子どもに関与することも必要である。

イギリスの児童精神科医ウィニコットは「doing」と「being」という概念を提示している。働きかけといえる「doing」だけでなく、ともにあること「being」の意義を提示している。物理的にともにあるというだけでなく、主たる養育者と愛着を形成することで、養育者の物理的不在を心の存在に置き換えて、時間を過ごすことができるようにもなる。ウィニコットはこうしたことを「子どもは誰かと一緒のときひとりになれる」と逆説的に表現している。「ひとりになれる」とは「自立」しているという表現に置き換えることができる。自立するには絶対的依存が必要不可欠である。

「being」が可能となるためには、子どもが主たる養育者に対して徹底して甘えられることが必要である。ある意味、子どもにとって絶対的権力者でもある主たる養育者は、だからこそ、徹底して甘えられる対象とならなければならない。権力者の顔色を気にし、その権力者の目が自らを律する基準となることは、その子どもの自立を阻害するといえる。なぜなら、倫理・道徳観を身につけ、主体的にそれを守るということではなく、あの人が見ているから、あの人に怒られるからという認識に基づき行動することとなり、そうした状況では主体性を形成することが困難となるからである。しかし一方で、自らが信頼している人の思いを大切にして生きようとすることは、子どもの発達上必要不可欠であるともいわれる。「自分の大切な人が悲しむようなことはやめておこう」という思いが逸脱を防止するといったようなことである。権力者ではなく、信頼できる人の思いを大切にするということは重要なことであるといえる。

養育者による受けとめられ体験が不十分な場合、子どもは社会への信頼が希薄となり、意欲や「努力すれば報われる」という感覚を身につけたり、自己統制を図ることが困難となる。また被虐待体験やいじめなどの暴力により、子どもは自己否定感をもち、自らへの人権意識や権利意識を希薄化させる傾向にあ

る。

　自らへの人権意識や権利意識とは，自らを大切にするという心の有り様である。そうした心の有り様に基づき行動することが本来人間には求められる。しかしながら，慢性的暴力が潜在化・継続化・深刻化することで，無力化状態となり，そうした思いや行動をとることが困難となり，助けや支援を求める声をあげることも困難となる傾向にある。むしろ自らを傷つける方向で行動する傾向にある。それが非社会的・反社会的行動として表出されることで，ますます孤立感と自己否定感を強化するという悪循環に陥る。

　こうした悪循環を断ち切り，いわばエンパワメントのサイクルに転換できるよう，側面的に関与することが支援者の目的とするところである。支援とは，子どもが安心かつ安全な環境のもとで，信頼できる人とのかかわりにおいて「話を聴いてもらえた」「無条件に受け入れられた」「自分のことを大切に思ってくれている」という実感を子ども自身がもてる環境を保障することである。そうした過程を通して，子どもは自尊感情を回復することができる。

## 2　自立支援という考え方

### (1) 動　向

　児童福祉におけるキーワードの1つに「自立支援」をあげることができる。児童福祉法のもっとも大きな改正がなされた1997年，いくつかの養護系施設の名称や機能などが変更され，自立支援という視点が新たに導入され，「教護院」は「児童自立支援施設」と改称された。さらに児童自立支援施設や児童養護施設の目的規定に「自立を支援」「自立のための援助」という文言が新たに付け加えられた（法第44条・第41条）。

　この児童福祉法改正後の「社会福祉基礎構造改革」においても自立支援が強調され，社会福祉の目的を，社会連帯や個人の尊厳を基調とした自立を支援することにあるとしている。そしてそれまでの社会的弱者の保護としての社会福祉のあり方を転換させたことの意義について論じられた。このように「自立支援」は社会福祉実践や政策の方向性を示す重要な概念であると捉えることができる。

## (2) 自立と責任の強調

　新自由主義思想に基づいた「個人責任イデオロギー」では，自立を可能とする依存体験や権利保障が十分に保障されることなく，責任を引き受けることが強調される傾向にある。こうした状況の中，養護系施設を中心に，自立支援に基づいた実践のあり方が大きく問われることとなった。施設入所中から子どもの退所後の生活や将来を見据えたケアを行うということが再認識され，個々の子どもに対し自立支援計画の作成が求められるようになった。自立支援の根幹には施設職員や里親の受容的態度に基づいた子どもの愛着体験が位置付けられる。このような愛着関係は子どもと一貫した主たる養育者との継続的な心理的絆を意味するパーマネンシーと捉えることができる。パーマネンシーの保障をできるだけ配慮したケアが児童養護実践に求められていると理解できる。

## (3) イノセンスの受容という考え方

　主たる養育者が子ども自身の抱える被害者性（怒り）を無条件に受容することにより，子どもは養育者への信頼感や愛着感を育み，潜在的力を回復できる。そうした過程により子どもは自己否定感を自己肯定化させ，人間への基本的信頼感を育み，将来への生きる力を蓄えることができる。子どもたちは「このままの形では自分自身を，現実を引き受けられない」「私には責任がない」という思いを抱えながら，あらゆる行動をもってイノセンスを表出するといわれる。このイノセンスと子どもの被害者性（怒り）とはほぼ同義語として捉えることができ，イノセンスが表出され肯定的に受けとめられることの重要性を指摘できる。

　以下の文章は自立援助ホームに入所中のある17歳の女性が自らの回復過程について書いたものであり，筆者が職員から本人の承諾を得て入手したものである。

　　お前はいらない　産まなければよかった　早くいなくなって　そんな風に育った17年間
　　家出，非行，暴力……。生きるためには何でもやった　あの頃はすべてが下らなく見えた

愛なんて無かった　真実なんて知りたくなかった　生きる意味なんて無かった（中略）彼氏の所に逃げた。体だけしか癒されない。誰か心を癒してよ。愛情って何？　こんなモノ？　普通でいいから付き合いたかった。映画を見たり，プリクラをとったり。そんな付き合いでよかった。家庭の問題の解決は求めなかった。解決できるはずがないから。ただ　ほんの少しだけ癒してくれればよかった。誰かあたしを必要としてよ。頭の中で鳴り響く声。壊れてしまいたい。手首を切ったら心配してくれる？　悪いことしたら心配してくれる？　ねえ，どうしたら愛してくれる？　（中略）2002年5月5日。最後に家出した日。この日以来家には帰っていない。帰れない。あえて書かないがこのときは何でもした。人間として堕落していた。食べるものが無かった。お金が無かった。寝るところは駐車場だった。どうにか生きようとした。悪いと知っていた。生きるために必要な事をした。ただそれだけ。（中略）そのとき付き合っていた彼氏の母親。あたしは彼女にすごく感謝している。ママって呼びたかった。高校中退，家出少女，見た目は金髪でヤンキーチック。そんなあたしは彼女にどんな風に見えただろうか。夜中に突然彼氏と二人で現れたあたしを，どんな風に思っただろうか。今思うと，こんなあたしにどうして優しくできたのか。明るくドアを開けてくれ，ご飯を食べさせてくれた。二つ並べた布団のうえで一晩中話を聞いてくれた。テレビを見て笑った。つっぱてた心が溶け始めた。癒された気がした。母親の愛情を感じた。一週間くらい居候させてくれた彼女は，あたしに施設に入るのを勧めてくれた。仕事の休憩時間を削って施設について調べてくれた。たくさん話し合った。あたしは施設に入ることに決めた。施設に行くと決まった前日の日彼女は私に言った。「施設に入れることになってごめんね」彼女はそういって涙を流した。あたしのために泣いている？　まだあたしにも泣いてくれる人がいるの？　生きていいの？　あたしが必要とされる日が来るの？

　この時あたしは変わった。（中略）朝起きたら彼女は仕事に行っていた。テーブルの上には，あたしの大好きな唐揚げが置いてあった。あたしは，彼女の愛情を感じた。涙があふれた。彼女のような優しい人間になりたいと思った。そしていつしか恩返しをしようとした。（中略）自立援助ホームに行くことが決まった。（中略）仕事があって，ある程度のお金がある。帰る家

がある。そのことがどんなに大切か分かった。(中略)認めてくれる　ほめてくれるのは親だけじゃない。友達，彼氏，先生，世間。誰だっていい。自分以外のダレカ（中略）あたしは変わった。きっと変わった。そうでなければ意味がない。今まで出会った人に申し訳ない。生きている意味がない。(中略) 今まで出会った人に「ありがとう」の気持ちを伝えたい　今まで失った人に「ごめんなさい」の気持ちを伝えたい　みんなに「大好き」の気持ちを伝えたい　あたしは居場所を見つけたよ　歩き出したよ。ほんの小さな光をみつけたよ　あたしはココにいるよ

　親に傷つけられ，社会から必要とされず，自分のことを気にかけてくれる人がいないといったことへの怒りを，反社会的行為や非社会的行為でもって発散していたと思われる。こういった子どもたちは自尊感情，共感性，生活意欲，自己統制力の4つが損なわれている傾向にある。すなわち自尊感情が育まれなかった彼女は，他人を思いやることなどできず，むしろ他人を傷つけることで生き延びてきた。将来に希望や意欲をもって自己統制して計画的に生活していくことも困難である。しかし専門家でもない偶然出会った彼氏の母親から変わるきっかけを与えられた。外見で判断せず，彼女に向かい合い彼女の被害者性（怒り・イノセンス）に耳を傾けてくれた彼氏の母親の存在は，彼女の自尊感情の回復に大きく貢献した。彼氏の母親の態度は，子どもの自立支援に携わる専門職員のとるべき態度と何ら遜色はない。子どもの自立支援は基本的にこうした人とのつながりを社会的に保障することといえる。

### (4) 自尊感情の回復
　自立の主体は子どもであり，その子どもの主体的営みの総称を自立として捉えることができる。したがって自立支援の根幹には主体性の回復が位置付けられ，その主体性の土台には自尊感情が位置付けられることから，自立支援の目的は自尊感情の回復にあるといえる。自尊感情の回復のためには，①聴いてもらえた，わかってもらえた，自らの存在が認められた，無条件に受容されたという自己肯定感を得ること，②人のために自らが役立っている，必要とされているという自己有用感を得ること，③物事を成し遂げた，何かができるように

なったという自己達成感を得ることが必要であると考えられる。

①では安心感のある場との出会いや,「言い訳」を「言い分」として捉えられ,それに耳を傾けられ,無条件に受容されたという実感をもつことが必要である。そうしたことにより自己否定感を自己肯定化させ,人間への基本的信頼感を育み,それへの対応方法について自ら考え,将来への生きる力を喚起することが可能となる。安心感・安全感に裏付けられた子どもにとっての居場所では,相互のコミュニケーションが保障され,そうした中で育まれる子どもたちの「語り」が極めて重要といえる。先に述べたように,「このままの形では現実を引き受けられない」「私には責任がない」という気持ちの表出は「イノセンス」の表出として捉えられる。「イノセンス」が肯定的に受けとめられれば,それは解体し,「自分には責任がない」から「自分には責任がある」というメッセージに,自分の手で書き換えること,転換することができるとされている。「イノセンス」の肯定を伴わない説得や命令は,暴力的な強制にほかならず功を奏することはなく,「イノセンス」の「表出→受けとめ→解体」という過程が重要となる。いくら論理的に正当な説得やアドバイスであっても,感情レベルでの十分な受容感を実感していない場合,それらは支援者の自己満足にすぎず,当事者への精神的暴力と化する場合もある。ただし,子どもに向き合い,対立しながらも認知の歪みを修正するという考え方に基づき,一定の枠組みを設定する必要性については,納得できるところである。しかし重要なことは,1つの方法論に依存しすぎず,つねに支援者側の反省的思考に基づき関与することであろう。

先の②や③の実感をもつためには,さまざまな役割遂行や人間関係形成を積み重ねることが必要である。孤立感や自己否定感から解放され自尊感情を回復することで,前項で摘したように人は将来を見据えて計画的に生活する意欲や,他人に対する共感的態度,自己統制に基づいた行動をとることができるのである。

## 3 自立概念と依存的自立を支える「自立支援」

### (1) 自立を問い直す

これまで障害者分野を中心として，自立について論じられてきた。自立は基本的人権の重要な要素であり，自立と福祉とは本来不可分なものであり，自立を欠いた福祉は，しばしば上からの恩恵として与えられる福祉，すなわちそれ自体が支配の一手段たるものに堕してしまいがちであり，逆に福祉を欠いた自立の強要は多数の人々にとっては，福祉自体の不在に堕してしまうと指摘されている。この指摘を養護高齢児の自立に敷衍して考えてみると，養護高齢児が入所施設の中で，自立への準備を十分に行うことなしに，中卒や高卒で入所施設を退所し，社会に出ていく者の状況を「強いられた自立」と呼ぶことがあるが，まさにこうした状況は「福祉自体の不在」といえる。進学できないほど学力の低い，精神的にも課題を抱えた子ども，すなわち社会的支援なしに生活することが困難な子どもが社会的に放置される傾向にある。その例として，中卒で高校進学が困難な子どもが退所を強いられるという状況がある。自立を主張するあまり，ときに自立を強要し，義務化する手段として，自立概念が使用されてきた状況も否めない。そうした背景を社会福祉政策との関係で見れば，高度経済成長期を経て日本型福祉社会論や福祉見直し論が強調され，「自立・自助」が理念化されてきたことがあげられる。そこで意味する「自立」は経済効率主義に基づいた「職業的・経済的自立」や「身辺自立」であったと捉えることができる。ところが1980年以降，障害者分野を中心に自立概念の再検討が活発化してきた。「他人の介助を受けて生活する」という発想がアメリカの自立生活運動から移入され，自己決定や自己選択が自立の中核的概念として捉えられるようになってきた。人手を借りて地域社会で自立するという考え方により，自立概念の捉え方が変化してきた。いわば依存しながら自立するという「依存的自立」が市民権を得，その依存方法を自ら考えたり，決定したりすることにむしろ自立の意味を見出すようになってきた。

### (2) 養護児童の技術修得指向の自立支援

養護高齢児の自立についても自立支援に積極的に取り組んできた青少年福祉

センターは「社会的自立が就労自立であって、健康で、働くことだけがとにかくできればよいと考えることは、生活の（主要ではあるが）ある一部を示して『自立』といっていることになる。……就労面のみに目を向けることはあまりにも一面的であることを知らされた。われわれは彼らの当面の目標、すなわち援助の目標として、彼らの社会的自立は就労自立を中心にするが、つまり働くことを中心に考えるが、彼らはただ働くというだけで、社会的自立が成立するのではなく、就労を具体的に支える日常生活の自立や、精神面の自立があってはじめて全体として、社会的自立が構成されると考えるにいたった」と論じている。そして養護高齢児の自立に深く関与する生活行為能力として「就労自立能力」「日常生活能力」「人間関係能力」「精神的文化的生活能力」の4つを提案している。同センターはこのように自立概念を細分化し、その細分化した自立概念に基づいた自立能力を尺度化し活用している。ここでは生活者としての養護高齢児が、各自立能力をトータルにバランスよく高めていくことを、自立支援の1つの目的と捉えていると理解できる。このように細分化した自立概念を、統合的・全体的に捉え、それを社会的自立として位置付けようとする考え方は、全体性の原理と共通した捉え方である。生理的、心理的、経済的、文化的、社会的存在である人間は、生活の中でその基本的欲求をトータルに充足する必要がある。そして人間が自ら日常生活の中で、このような多様な要求を充足していく過程は、まさに社会的自立過程と捉えることができる。また人間は単に生理的・本能的に「生きている姿」に加え、心理的、精神的、文化的、社会的に「うまく」かつ「よく」生きていく姿を統合して生活しており、人間らしい脳の働きともいえる新皮質系機能が、より人間としての行動を意味付けているといわれている。すなわち「たくましく」生きていくことを基盤に、学習した適応行動ともいえる「うまく」生きていくこと、社会的、道徳的に見て「よく」生きていくことが、人間生活の必要条件といえる。

### (3) 技術指向の自立支援が意味するものと自尊感情の回復

一方、こうした理解は「知識」「技術」「適応」の強調を促し、発達課題が未消化な子どもにも、ある特定の時期に期待されている課題の達成を自立基準とすることとなるが、そうした子どもたちにこうした尺度を使うことには無理が

あることが指摘されている。すなわち先の4つの能力や「うまく」「よく」生きる能力の向上に向けた取り組みを，自立支援と捉えることの問題について指摘しているといえる。しかしながらこうした技術指向の自立支援は，技術修得そのものを目的としているというよりも，この過程で得られる自己達成感や，職員との相互関係に意味をもたせていると理解できないだろうか。その達成感は自尊感情の回復につながり，生きる意欲をもたらすといえる。

　いうまでもなく，自立とは，自分自身を肯定的に捉え，自分でやろうとする意欲を主体的にもてるようになること，自立支援とは，その主体性を育み，自らの選択を支えることであると論じられているように，意欲や主体性といえる自尊感情を生きていくうえでの精神的レディネス（準備）として捉え，自立の前提条件に位置付ける必要があろう。精神的レディネスはレジリエンシー（resiliency）やストレングス（strength）といった潜在的力をも意味し，何らかの危機に遭遇したときの対処力としても機能する。何らかの事情で実親と離れて生活せざるを得ない子どもたちは見捨てられ感や罪悪感をもち，それまでの親とのかかわりの中で自尊感情と対極にある自己否定感が強い傾向にある。そうした子どもたちは自らを大切に思い，自身の人生について深く考えることが困難なため，将来への希望や生活意欲を喪失している場合が多い。このような子どもへの支援の基本は，大人との信頼関係の形成，そのための無条件の受容体験，すなわち「自分の存在」そのものがいかなる状況であろうとも承認されているという安心感，そうした安心感を提供できる大人への依存体験を通して子ども自らが自尊感情や自己肯定感を育み，生きることに対する希望や意欲を回復することである。そうしたことが人間発達の土台の再形成，あるいは生育過程で積み残された課題の取り戻しといえる。このような過程が保障されてはじめて，その上に積み重ねられる課題に援助者がかかわる意味が生まれる。そして子どもがそこで得た知識や技術を日常生活に活かしたり，危機に対応できたりすることが可能となるのである。

## 4 「自立支援」における回復的ケアの必要性——「自立」の強調から「依存」の保障へ，生活自立から自尊感情の回復へ

### (1) 自立援助と自立支援概念

　1997年児童福祉法改正により新たに規定された「自立支援」は，それまでの一般的に活用されてきた自立援助概念を包括した概念である。改正前までは「自立援助ホーム」ということばに象徴されるように，「自立支援」ということばより「自立援助」ということばが一般的であったが，その捉え方は「自立支援」より狭義の意味で用いられる傾向にあった。すなわち「自立援助」は養護高齢児に対し，退所前から独居生活を視野に入れた生活援助や，社会的自立を目的とした退所後のアフターケアを意味する場合が多く，その対象は中学生以上の高齢児に限定される傾向にあった。

　今日使われている「自立支援」は狭義には先の「自立援助」を意味し，施設退所前あるいは退所後において，施設退所後の生活安定のために必要な社会生活技能を修得するためのケアや，退所後の生活上の相談に応じる支援として理解され，リービングケアやアフターケアと呼ばれてきた。また支援は援助に比較して当事者の意向の尊重や支援者との対等性が強調されているとも指摘されている。しかしながら施設退所後の生活を安定させるためには，むしろ日常生活ケアの積み重ねのほうが重要となってくる。したがって自立支援は広義には施設ケア全体を指すとも理解できる。

### (2) 施設ケアの困難性

　施設ケアは子どもの権利保障を視野に入れたかかわりの総体である。権利保障の基本は子どもが自尊感情を回復し自分の人権や権利に敏感になり，自ら声を発することができるような支援を受けることである。自らの人権への感性の高まりが，他人の人権への感性を高めることとなる。そのために自尊感情が回復されなければならない。その要件として愛着関係の形成や無条件の受容や依存体験，対話に基づいた相互関係などがあげられるが，実際には職員が日常業務に追われる中でそうした要件を満たすことが困難な状況にある。結果的に子どもの問題行動を助長することもある。そういった行動に対し職員は，指導と

いう名のもとで管理的手段を用いる傾向にあるが，状況の改善は容易ではない。むしろこうした指導により子どもは自己否定感を強めたり，役割（当番），日課，規則といった管理的手段により子どもの自己決定能力を阻害したりする面が多分にある。

自立援助ホームの子どもの多くは，自ら判断して何かをやる能力が欠如しており，何事も職員に尋ね答えを得た後でないと，動けない状況にあることが論じられている。また子どもの自立の前提として依存経験を位置付け，施設から管理や強制を排除することによる子どもへの安心，自信，自由の提供，積み残された発達課題の挽回として「退行と依存の追体験」の必要性について論じられている。「はじめは甘えたいだけ甘えさせる」必要性や，子ども自身が「私のもの」「私自身のこと」という感覚をもち，自己領域感や自己所有感を確保し，自ら判断できる場や機会が提供される必要性についても指摘されている。

## 5 「指導」から子どもの語りの尊重へ

### (1) 近年の動向

近年の児童養護施設における実践動向としてアセスメントに基づく自立支援計画の作成という実践と，社会構成主義に基づくナラティブ・モデルに代表されるような当事者の語りを尊重した実践という2つの方向性を見出すことができる。前者は子どものある時点での生活状況，生育歴，家族状況などを明確化し，それに基づいて子どもや親へのかかわりを計画的に行うという考え方である。必要なケアを考える過程で援助者側の主導性が求められ，援助者が知り得た情報から基本的に援助者が支援計画を作成する。後者では科学的かつ客観的に物事を観察できるというのは神話であるとされる。この考え方に基づけば，客観的アセスメントということ自体否定される。問題があって治さなくてはならないと考えるのではなく，その人の語りの変化が問題そのものの変化であると捉えられる。語りは個人の中にある真理ではなく，周囲の人々を含めた環境との相互作用により，たえず別の語り（オルタナティブ・ストーリー）に再構成される。当初，自身を支配していた語り（ドミナント・ストーリー）から別の語りへの変化に焦点が当てられる。

## (2) 子どもの語りの尊重

　前者のアセスメント指向の実践と後者のナラティブ・モデルとは，基本的に考え方が異なる。前者は子どもの問題要因を探り，それを明らかにし，支援するという考えに基づくのに対し，後者はことばが問題をつくっており，ことばから構成される語りを援助の対象としている。したがって，子どもの語りを引き出すかかわりが何よりも重視される。そこには援助者の「無知の姿勢」が要請され，援助者は子どもの生きる世界について無知であり，好奇心に導かれ，子どもからその世界について教えてもらうという姿勢が求められる。「無知の姿勢」は職員と子どもとの非対等な関係をより対等に近付けるための職員の重し（ワンダウン・ポジション）として理解できる。そうした姿勢が子どもの安心感や信頼感を育み，この「無知の姿勢」がまさに専門性であるとされる。職員の子どもに対する興味・関心はその職員の醸し出す雰囲気に漂っており，子どもの語りを引き出すうえで重要である。子どもが話を聴いてもらえたという思いをもつことが，自尊感情回復の契機となる。

　子どもは自身のことを語るという点では「専門家」であり，その語りを尊重するためには，徹底した傾聴姿勢，子どもからの信頼が必要であり，そうしたことが保障されれば子どもが能動的に語り，子ども自身が時の経過とともに自らの語りを積み重ねる。そうした語りの積み重ねにより，将来への希望やビジョンを育むことができる。語りは職員による個別対応に限定せず，ピアカウンセリングやセルフヘルプ・グループといったアイデアを活用し，子ども同士で聴き合ったり，集団で語り合ったりといった方法も有効であろう。

　自分のことばや価値観でもって自身を語り，聴いてもらえたという実感をもつことは，自身の被害者性ともいえる「怒り」を伴う感情から，自己認識に向かっていく契機を提供してくれる。子どもは自らの体験とその思いを語り受けとめられることで，それらを客観視でき，そうしたことは子ども自身の成長を生み出す。またそれを傾聴し子どもの語りに丁寧に向き合うことは聴く者の成長を生み出す可能性もある。先に論じたように「イノセンス」論では，「このままの形では現実を引き受けられない」「私には責任がない」という気持ちを表出し，肯定的に受けとめられれば，イノセンスは解体し，「自分には責任がない」から「自分には責任がある」というメッセージに，自分の手で書き換え

ること，転換することができると述べられている。イノセンスの肯定を伴わない説得や命令は，暴力的な強制にほかならず功を奏することはない。イノセンスの「表出→受けとめ→解体」という過程はまさにナラティブ・モデルの目的としていることである。

　職員として子どもたちに一体何ができるのかという疑問，あるいは一種の無力感を感じることもあろう。それはまさに援助者としての出発点，あるいはかかわりの過程でつねに要請される職員の姿勢ではないだろうか。だからこそ徹底した援助者側の「無知の姿勢」が求められるともいえる。援助者がストレングス視点をもち，子どもの語りに関心を寄せ，子ども自らの語りを塗り替える過程にかかわることが要請されている。そうしたかかわりができれば，本来的な非対等な子どもとの関係における乖離(かいり)を埋め合わせることに寄与できるのではないだろうか。

### (3) アセスメント指向の実践と語りの尊重

　アセスメントや支援計画が強調される中で，本来的に重要な子どもの語りを十分に引き出す可能性を阻害する面もある。こうしたことを考慮して，アセスメント過程に子どもや家族との対話を取り入れ，支援計画を協働で作成している施設も存在する。アセスメント過程は共通の体験を共有することで子どもや家族との関係性を深め，協働関係を形成する手段である。また家族や子どものストレングス（潜在的力）を確認し，それを促進するための過程でもあり，決して家族や子どもの問題点を評価・指摘し，支援者が望む到達点に近付けるための過程ではない。

　多くの場合，専門家のみで考えられたアセスメント項目を，専門家のみによって子どもの生活に適用されており，こうしたことが専門家の優越感を助長させ，非対等な関係を鮮明化する危険性もある。職員自身が「指導」概念の呪縛から解き放たれ，自らの「支配性」に自覚的になることが必要である。副田あけみは専門的視点や知識・技法はそれを用いる者にパワーを与え，利用者に対しソーシャルワーカーとの関係を非対等の関係にすると論じている（副田，2003年，p. 94）。病理モデルに基づいた援助観は，子どもや家族の多様な面の中でも問題や弱さのみに収斂され，子どもや家族がもつ本来の潜在的力（スト

レングスやレジリエンシー）を隠蔽してしまう可能性がある。

　厚生省（当時）から出された通知（厚生省児童家庭局福祉課長通知「児童養護施設等における入所者の自立支援計画について」1998年3月5日）は「……入所から退所後までの間の継続的な指導を行うことがもとより必要であるとともに、……児童の自立の視点に立った指導の充実や、児童の通学する学校、児童相談所等関係機関との連携を推進する観点から、入所者個別の自立支援計画を策定されたいこと」とされ、一定のアセスメントに基づいた指導計画といえる自立支援計画の作成を施設に求めている。その結果、パターナリスティックな「指導」が一般化し、そうしたことが子どもの無力化を促進している面があるのではないだろうか。

### (4)「寄り添う」実践

　「指導」概念をどう捉えるかによるが、先に述べたように「指導」という考え方ではなく、「寄り添い」「向き合い」ながら子どもの語りの促進や、その尊重に基づいた子どもの自尊感情の回復といったことが重要である。「指導」概念には上下関係を鮮明化し、ある種の権力でもって子どもを統制する側面があり、「寄り添う」といった実践と矛盾する面が存在する。
　施設では通常日課や規則があり、ときにこういったものは子どもの自律をむしろ阻害しているのではないだろうか。規則や日課は集団生活の管理的手段としての側面が強く、子ども自身が考え行動することや、子どもと職員とが生活のあり方を語り合うことを阻害することもある。「寄り添い」「向き合い」ながらの実践には対話時間を要し、子どものケアに負われる職員にはこの時間を確保することが困難であるが、そうした対話そのものが自立支援である。しかしこうした実践は一部の施設で強調される傾向にある「指導に基づいた集団のまとまり」という考え方とは矛盾する。児童養護施設職員である児玉亮は、自身の施設における取り組みについて以下のように述べている。

　　職員たちはまず、威圧的管理によらない子どもへのかかわりを自分たちが体現することから始めた。「この人たちは自分のことをたたいたり怒鳴ったりしない」ということがわかると、子どもたちはそういった職員に対してす

さまじい攻撃性を向けると同時に激しいスキンシップを求めてきた。……いわゆる「受容的なかかわり」を体現していく過程では、「自分たちのかかわりは甘すぎて不適切なのではないか」、もしくは「周りの職員からそのように見られているのではないか」という不安が常につきまとった。それはかなり辛いことであったが、「威圧的な管理によらずとも子どもたちはきちんと生活していける」ということを何がなんでも体現していく必要があり、それだけはどうしても譲れないこととして、お互いのかかわりを検証しあい、励ましあった。

　その方法のひとつとして、記録をつけることから始めた。日々の子どもとのかかわりについてはもちろん、そのときどきの考察、ひいては自己感情をも記録することで、大勢の旧態依然とした職員たちの中で、自分たちの指針を見失わないようにする方策、あるいは変則勤務ですれ違いになりがちなお互いの連絡ノートとしても活用していくことにした。

（児玉、2002年、pp. 220-221）

　職員の受容的態度は子どもの率直な感情表出や自発性を生み出し、表面的には子どもたちの「混乱」という捉え方がなされる傾向にある。そしてそうした職員は指導能力のない職員としてレッテルを貼られ、施設に居づらくなり退職するということもあろう。良識ある職員が継続して働くことができないという施設体質は、一部の施設に根強くあるように思える。上記の取り組みは職員同士で威圧的管理によらない受容的かかわりという養護方針を共有し、職員自身の否定的感情、不安感、戸惑いを率直にノートを通して語ることを可能とし、原点にある養護方針を確認し合うという斬新的実践を行っている。

　職員体制が不十分で日常ケアに追われるという状況の中で、職員は何か具体的な援助手段に依存する傾向にある。それがアセスメント指標や支援計画である場合もある。普段の生活ケアにおけるゆとりのなさが、パターナリスティックなかかわりや管理的かかわりを生み出す可能性は大きい。子どもの信頼を得るには時間と労力を個別な関係の中で確保する必要があるが、そうしたあり方は日常ケアに追われる職員には適応しない。しかしそうしたことにジレンマを抱えつつ、日々のかかわりに鋭敏な感覚をもち続け、子どもに安心感を提供し、

信頼関係に基づいた語りを引き出す努力が求められている。

## ❻ 支援にかかわる職員自身のケアのあり方──自立支援と職員のジレンマ

### (1) 支援者の課題

　子どもに対応する職員はその子どもとの非対等性を認識し，自らに何らかの重しをかけながら，子どもとのかかわりを継続しなければならない。重しのかけ方の1つに，先に述べた「無知の姿勢」があげられるが，自らの支援を必要とする子どもの存在の必要性を職員自身が自覚することもその1つであるといえる。よく耳にする職員の言動に「職場の人間関係に悩んでも子どもとかかわっていると，そんなことも忘れる」「子どもとのかかわりで癒される」といったものがある。自分自身も子どもを必要としているという自覚が，子どもとの関係に対し謙虚にかかわれる動機付けになるといえる。しかしながらそうした自覚が，限りなく子どもに尽くし続けるという現象を生み出すこともある。寄り添う形で外傷体験をもつ子どもを支援する場合，その悲惨な子どもの体験を援助者が自分のものとして感じ傷つくことがある。これを代理受傷といい，とくに熱心に共感的にかかわる場合に起こりやすく，その結果援助者が無力感に襲われ，精神的エネルギーが低下するといわれている。こうしたことへの防止策として，自身の精神状態を把握し，仕事と休養や余暇とのバランスをとること，周囲の人と積極的に交流し感情を吐き出すことが必要とされているが，養育は個人的関係を基本に置くため，子どもに問題が生じれば職員の技術的問題と捉えられ，職員が孤立する傾向について指摘されている。

　さらに疲労の蓄積により子どもとの関係に逆転移が生じたり，過度に子どもにかかわることにより自らの精神的バランスを保ったりする，共依存関係の存在についても指摘されている。共依存症者は「他人」に対し，世話を焼き，うぬぼれ，思いあがるために人間関係を破綻させているが，自分では気付かず，「彼を救えるのは自分しかいない」とか，「私の愛情で立ち直らせる」などと思い込んでいると指摘されている。そして一番この病にかかっているのが，対人援助職の人たちであり，そうしたことを「本当は私を助けてほしい」「自分の低い自己肯定感を引き上げるために，この仕事を選んだと思います」といった

施設職員の声から指摘している。また低い自己肯定感が職業選択に影響を与え，身を粉にして働くタイプの人が対人援助職に少なくないとし，不完全で終えることの大切さについても指摘している。このような関係性を自覚し，子どもへのかかわりを制御する姿勢も職員には求められる。自らの子どもとの関係性を自覚するには，個人的努力だけでなく，職員同士の協力が不可欠である。孤立せず職員相互の関係を維持する努力が求められる。

### (2) 支援者のジレンマ

　日常業務にジレンマを感じながらも，最大限子どもに向き合うことが常時要請されている。職員は子どもによるいわゆる「試し行動」に巻き込まれることなく，徹底して寄り添う姿勢をもち続ける中で，相互の信頼関係を育まなければならない。しかしそうした姿勢は容易ではなく，こうした意味においても職員を支える体制が必要である。被害者性を抱えた子どもに対応する中で積み重ねられるストレスを軽減，解消することは容易ではなく，職員がストレスを一人で抱え込む傾向にある。職員は子どものケアのみならず，自らのケアに敏感になる必要があり，対応しきれないときには「助けて」「もう対応できない」という声をあげられる状態か，また職員は孤立することなく自分のしんどさを共有できる同僚や上司が存在しているかが重要となってくる。また職場以外で自分の体験を率直に聴いてもらうことが必要である。職員が子どもの対応に苦慮して感じる一種の無力感や挫折感はその職員の支援体制により，職員としての成長をもたらし新たな展開を促す契機となるが，不十分な支援体制の中ではバーンアウト要因となる可能性もある。

　一方，職員としての無力感や挫折感といった一種の「弱さ」はときに強さとして，子どもに作用することもある。職員として苦悩する姿を見せることや，息詰まった思いを子どもに適切に伝えることは，決して子どもにとって否定的には作用しない。強い職員像を堅持する職員は自らの「弱さ」が出せず，感情レベルで鎧をまとい続け，そのはけ口が結局子どもに爆発することも多々ある。「弱さ」を出せるある種の力も必要であるといえ，そうしたことが職員自身のケアにつながる。

　日常ケアに精一杯な職員が，子どもの自尊感情の回復を視野に入れたケアを

提供すること自体困難であり，日常の業務に自己を埋没化せざるを得ない状況
も理解できる。子どもの回復的ケアを心がけること自体が，職員のジレンマを
増幅させることとなる。しかしながらこういったジレンマと付き合いながら仕
事をこなすことが職員としての使命であるともいえ，そのジレンマに付き合う
ための自身のケアが必要である。

### 参考文献

伊東ゆたか他「児童養護施設で生活する被虐待児に関する研究（2）」『子どもの虐待とネグレクト』第5巻2号，日本子どもの虐待防止研究会，2003年。

上田敏『リハビリテーションを考える』青木書店，1983年。

遠藤浩「自立援助ホームからの提言」村井美紀・小林英義『虐待を受けた子どもへの自立支援』中央法規出版，2002年。

児島亜紀子「誰が『自己決定』するのか」古川孝順・岩崎晋也・稲沢公一・児島亜紀子『援助するということ——社会福祉実践を支える価値規範を問う』有斐閣，2002年。

児玉亮「児童養護施設における施設内虐待防止の取り組み」上野加代子・小曽木宏・鈴木崇之・野村知二編『児童虐待時代の福祉臨床学——子ども家庭福祉のフィールドワーク』明石書店，2002年。

小舎制養育研究会「児童養護施設の小規模化・地域化」『養育研究』13号，2001年。

青少年福祉センター編『強いられた「自立」』ミネルヴァ書房，1989年。

芹沢俊介『現代〈子ども〉暴力論』春秋社，1997年。

芹沢俊介『もう一度親子になりたい』主婦の友社，2008年。

副田あけみ「協働：対人間・職種間・組織間」古川孝順・副田あけみ・秋元美世編著『現代社会福祉の争点』中央法規出版，2003年。

時実利彦『人間であること』岩波書店，1970年。

野々山久也『家族の「遊び力」』ミネルヴァ書房，2003年。

藤野興一「思春期に管理・強制は不要——重要な社会に出てからのアフターケア」『月刊福祉』82（13），1999年。

青少年と共に歩む会編『静かなたたかい——広岡知彦と「憩いの家」の三〇年』朝日新聞社，1997年。

古川孝順「社会福祉援助の価値規範——社会と個人の交錯するところ」古川孝順・岩崎晋也・稲沢公一・児島亜紀子『援助するということ』有斐閣，2002年。

村井美紀「自立と自立支援」村井美紀・小林英義編著『虐待を受けた子どもへの自立支援』中央法規出版，2002年。

吉岡隆「セルフケアのすすめ②どうしたら回復できるか」『季刊児童養護』第34巻2号，全国児童養護施設協議会，2003年。

# 6章 子ども福祉関連法・制度と関連機関

　子どもの福祉に関連した公的な社会サービスの多くは法令や通知に基づき提供されている。これらの主要財源は税金である。また利用者（子ども・親）の利用料で運営されている民間企業によるサービスも存在する。さらに住民同士の助け合い意識に基づいた地域独自のサービスや市町村独自の公的なサービスも存在するが，ここでは国レベルで行われている公的な社会サービスに限定して論じることとする。

## ■ 子ども福祉関連法

### ①児童福祉法

　児童福祉法は児童虐待防止法，少年教護法，旧生活保護法の一部を統合して1947（昭和22）年に制定された。すべての子どもの福祉を目的とした理念を掲げている。育成の責任として「国及び地方公共団体は，児童の保護者とともに，児童を心身ともに健やかに育成する責任を負う」と規定されている。児童は18歳未満とし，乳児（満1歳未満），幼児（満1歳から，小学校就学に達するまでの者），少年（小学校就学始期から満18歳未満）に分けられている。また子どもだけでなく，妊産婦（妊娠中または出産後1年以内の者）も対象としている。

### ②児童扶養手当法，特別児童扶養手当法

　1961（昭和36）年に児童扶養手当法が制定され，遺族基礎年金の受給資格のない離別母子・父子世帯などへの金銭給付を行うことで，その世帯の自立を促すことを目的とする。手当は母子・父子世帯だけではなく，それに準ずる世帯にも支給され，たとえば父親が一定の障害レベルにある世帯，祖母のみで子どもを養育している世帯などへの支給が認められているが，障害年金など公的年金（老齢福祉年金は含まれない）を受給しているとき手当は支給されない。児童扶養手当法における児童とは，18歳に達する日以降の最初の3月31日までの間にある者または20歳未満で政令で定める程度の障害の状態にある者である。

特別児童扶養手当法における児童とは20歳未満の者で，政令で定める程度の障害があるため，日常生活を営むのに支障がある者をいう。特別児童扶養手当は障害児を扶養する者，障害児福祉手当は障害児自身に支給される。

③児童手当法

本法は，家庭等における生活の安定に寄与するとともに，次代の社会を担う児童の健やかな成長に資することを目的として，1971（昭和46）年に制定された。政権交代により2010年度，2011年度子ども手当法に改正されたが，再度の政権交代により児童手当法となった。児童手当は中学校修了までの児童を有する父母等に一定の所得制限を設けて支給されている。

④母子及び父子並びに寡婦福祉法

本法は，1981（昭和56）年母子福祉法（1964（昭和39）年）の対象を寡婦世帯にまで拡大し，母子及び寡婦福祉法に名称が変更され，2014（平成26）年には母子及び父子並びに寡婦福祉法に改正された。母子自立支援員は母子・父子自立支援員に名称が変更された。本法における児童とは，20歳未満の者をいう。

⑤母子保健法

本法は，1965（昭和40）年に制定され，それまでの児童福祉法に規定されていた母子手帳（現在の母子健康手帳）や3歳児健診について規定された。1994（平成6）年に大きな改正がなされ，1歳6か月児健診の法定化，妊産婦や新生児の訪問指導，3歳児健診が市町村事業となった。その後2013（平成25）年4月より低体重児の届出，未熟児の訪問指導，養育医療について，都道府県の権限が市町村に移譲された。

⑥児童虐待の防止等に関する法律

本法は，2000（平成12）年に制定された。児童福祉法には禁止行為として虐待に相当する行為が規定されているが，今日起こっている虐待とは乖離している。閉鎖化した家庭状況が一般化する中で，第三者等からの通告は虐待発見において極めて重要である。現在，児童虐待を受けたと思われる児童を発見した者は，速やかに，これを市町村，都道府県の設置する福祉事務所もしくは児童相談所または児童委員を介して市町村，都道府県の設置する福祉事務所もしくは児童相談所に通告しなければならないと規定されている。また，虐待の定義や児童相談所等の対応に応じない保護者に対する対応のあり方等が規定されて

⑦ 発達障害者支援法・障害者の日常生活及び社会生活を総合的に支援するための法律（障害者総合支援法）

支援の対象として認識されてこなかった自閉症，アスペルガー症候群その他の広汎性発達障害，学習障害，注意欠陥・多動性障害などの発達障害児・者を対象とした発達障害者支援法が2004（平成16）年に制定された。国・地方公共団体・国民の責務，児童の発達障害の早期発見および発達障害者の支援のための施策，発達障害者支援センター等について規定されている。

障害児と障害者とで多くの施策が分断されていたが，一貫した自立支援を目的に，2005（平成17）年に従来児童福祉法に規定されていた一部の施策を追加規定した障害者自立支援法が制定され，2012（平成24）年に障害者総合支援法として改正された。その中で「障害程度区分」について，障害の多様な特性その他の心身の状態に応じて必要とされる標準的な支援の度合いを総合的に示す「障害支援区分」に改められた。また障害者の範囲に難病等を加え，重度訪問介護の対象拡大等がなされた。

⑧子どもの貧困対策の推進に関する法律

本法は，子どもの将来がその生まれ育った環境によって左右されることのないよう，貧困の状況にある子どもが健やかに育成される環境を整備するとともに，教育の機会均等を図るため，子どもの貧困対策を総合的に推進することを目的としている。都道府県は子どもの貧困対策についての計画を定めるよう努めることが規定されている。

## 2 児童福祉関連機関・施設

児童福祉関連機関・施設は表6-1の通りである。

2006（平成18）年，障害者自立支援法（現・障害者総合支援法）の施行に伴い障害児施設の利用方式は措置から直接契約に変更された。選択利用契約に基づく保育所は市町村，助産施設と母子生活支援施設は福祉事務所を設置する市または都道府県である。児童福祉施設は児童福祉施設の設備及び運営に関する基準に基づき運営されている。

表6-1 児童福祉関連機関・施設

| 行政機関 | 国 | | 地方自治体 | |
|---|---|---|---|---|
| | 厚生労働省雇用均等・児童家庭局 | | 福祉部（局），民生部（局）保健福祉部（局）など自治体により異なる | |
| 審議機関 | 社会保障審議会 | | 児童福祉審議会 | |
| 自治体運営実施機関 | 児童相談所（都道府県と児童相談所設置市に設置），福祉事務所（都道府県と市〔特別区を含む〕義務設置），保健所（都道府県，政令指定都市，中核市等に置かれる） | | | |
| 児童福祉施設 | 利用方式と施設目的別分類 | 養護系施設（保護や自立支援を目的とする施設） | 障害児系 | その他 |
| | 措置 | ・乳児院<br>・児童養護施設<br>・情緒障害児短期治療施設<br>・児童自立支援施設 | | |
| | 選択利用契約 | ・母子生活支援施設 | | ・助産施設<br>・保育所 |
| | 直接契約 | | 障害児通所・入所支援施設 | |
| | 利用施設 | | | ・児童厚生施設（児童館，児童遊園）<br>・児童家庭支援センター |

## 3 障害児入所・通所支援

　障害児支援に関しては，障害児通所支援と障害児入所支援に分けられ，前者の管轄は市町村，後者の管轄は都道府県となっている。障害児通所支援には児童発達支援，医療型児童発達支援，放課後等デイサービス，保育所等訪問支援があり，障害児入所支援には福祉型障害児入所施設と医療型障害児入所施設がある。児童発達支援には，児童福祉施設として定義された「児童発達支援センター」と，それ以外の「児童発達支援事業」がある。障害児通所施設・事業は，医療の有無により，「児童発達支援」と「医療型児童発達支援」に分けられる。
　障害児通所支援に関しては利用希望者（保護者）が市町村，また障害児入所支援に関しては児童相談所に申請し，その決定に基づき利用者と事業者が直接

1部　総論

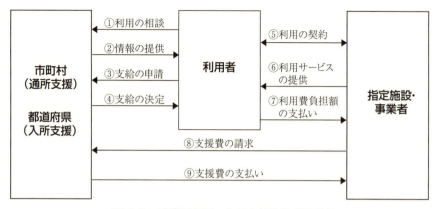

図6-1　障害児通所・入所支援施設利用過程

契約する。その利用過程は図6-1の通りである。ただし，障害児入所支援に関しては保護者が契約困難な一定の状況にある場合，措置制度で対応することとなっている。

## 4 児童福祉に携わる職員の倫理

　児童の権利に関する条約が1994（平成6）年に批准され，子どもの最善の利益という考え方がそれまで以上に定着し，児童福祉制度はそれを保障する観点から充実が図られてきた。しかしながら社会的養護における虐待に象徴されるように，制度を運用する児童福祉実践者が，必ずしもこうした観点から実践を行ってきたとはいえない状況も存在する。日本社会福祉士会の倫理綱領において「社会福祉士は，業務の遂行に際して，利用者の利益を最優先に考える」と規定されている。人権意識や倫理観だけでなく，養育観や子ども観といった価値観や，子どもの最善の利益を考慮した実践内容の共有化が重要であり，社会福祉士はそうした共有化の中心的役割を担うことが期待されている。

　また2003（平成15）年に「個人情報の保護に関する法律」が規定され，個人情報の適正な取り扱いがそれまで以上に要請された。先の倫理綱領においても「社会福祉士は，利用者や関係者から情報を得る場合，業務上必要な範囲に

とどめ，その秘密を保持する。秘密の保持は，業務を退いた後も同様とする」
と規定されている。

一方で，都道府県や市町村が，個々のケースにかかわる各種の調査を進めるに当たって，「個人情報の保護に関する法律」を盾に調査を拒否する機関や個人が存在するとの指摘が少なからずある。しかしながら同法では，「児童の健全な育成の推進のためにとくに必要がある場合であって，本人の同意を得ることが困難であるとき」は，個人情報の利用目的による制限や第三者の提供の制限から除外していることから，こうした場合には個人情報保護法上，情報の共有が許容されていることを周知する必要がある。

## 5 苦情解決と権利擁護

### (1) 苦情解決

#### ①児童福祉における苦情解決とは

親や子どもといった福祉サービス利用者は，かつてサービスを受ける対象として位置付けられ，利用者が自身の思いや意向を十分に聴いてもらったうえで，サービスを利用するという考え方が根付いていなかった。

近年，利用者本位のサービス提供のあり方について論じられ，措置制度であれ選択利用制度であれ，施設や機関などの社会福祉サービス提供者が，利用者の不満や要求に耳を傾け，それを自己変革の手段としていくためのシステムづくりが社会的に要請されている。

こうした認識に基づき，社会福祉基礎構造改革の一環として，サービスの質に関する評価のあり方，利用者の苦情への適切な対処に向けた取り組み，自己選択が困難な者に対するサービス利用を支援する事業（福祉サービス利用援助事業）の設置の必要性について論じられ，社会福祉法等が改正された。

#### ②苦情解決の制度

苦情解決について社会福祉法は「社会福祉事業の経営者は，常に，その提供する福祉サービスについて，利用者等からの苦情の適切な解決に努めなければならない」（第82条）と規定し，事業者の苦情解決に向けた自主的，積極的対応を求めている。また児童福祉施設の設備及び運営に関する基準は児童福祉施

設に苦情の相談窓口を設置し，第三者立ち会いのもとでの当事者同士の解決を求めている。実際には各施設が，苦情箱を施設内部に設置し，各苦情に対応するのが一般的である。

　こうした苦情の処理について，施設内での解決が困難な場合などは，都道府県社会福祉協議会の運営適正化委員会が解決に乗り出すとされている。このように苦情解決について社会福祉法では事業主体内部における自主的解決と，運営適正化委員会といった外部システムの導入による解決とが規定されている。

## (2) 権利擁護

### ①権利擁護の必要性

　児童の権利に関する条約の意見表明権に代表される子どもの能動的権利保障や，権利主体としての子ども観をいかに具体化していくかということが問われており，こういった視点から現場実践を検討することは必要である。さらに家庭内虐待や社会的養護における虐待の予防や対処に向けた権利擁護のあり方についても検討が求められている。

　家庭内虐待では親権に抗しての子どもの保護のあり方，社会的養護における虐待ではその予防や，養育状況の改善へ向けた取り組みのあり方についてさらに検討する必要がある。このように現在，子どもや保護者の能動的権利擁護と，子どもの保護を中心とした受動的権利擁護の双方の視点から権利擁護を捉えることができる。

　2008（平成20）年の児童福祉法の改正により，社会的養護や一時保護所における虐待の禁止が明文化され，通告先として都道府県，児童相談所，都道府県児童福祉審議会などが規定された。

### ②能動的権利保障の取り組み

　施設で生活している子どもの能動的権利の保障を意図した自主的取り組みが，徐々に浸透してきているが，そうした取り組みは大きく2つに分けられる。すなわち1つは「**ケア基準**」や，「実践指針」，あるいは「子どもの権利ノート」に代表される権利擁護を目的とした職員および子どものための実践基準や手引

---

**ケア基準**　施設職員の行動規範などを記載したもの。

き書の発行であり，もう1つはいくつかの自治体などで実施されている子どもの人権救済申し立て，代弁，さらには子どもの権利が正しく擁護されているかを監視し，確保する機能と構造をもつ**アドボカシー**機関の設置に向けての取り組みである。前者は職員および子どもの啓発的意味が多分にあり，後者はその啓発に基づいてより積極的に子どもが権利を行使するための媒介であると理解できる。措置過程およびその後の施設生活において，子どもに十分情報が提供されると同時に，子ども自らのケア内容に関する意見表明権や，不服申し立て権の保障および施設外からのケアの監視や子どもの代弁者を確保することの必要性が，主張されるようになってきたが，とりわけ重要なことは子ども自らの意見表明権の保障である。

## (3) 第三者評価と自己評価

### ①児童福祉施設における第三者評価

先に指摘したように，社会福祉法第78条第1項において「社会福祉事業の経営者は，自らその提供する福祉サービスの質の評価を行うことその他の措置を講ずることにより，常に福祉サービスを受ける者の立場に立って良質かつ適切な福祉サービスを提供するよう努めなければならない」と規定し，第2項において「国は，社会福祉事業の経営者が行う福祉サービスの質の向上のための措置を援助するために，福祉サービスの質の公正かつ適切な評価の実施に資するための措置を講ずるよう努めなければならない」とし，各施設および国に対し，適切なサービス評価の実施を求めている。

第三者評価はこうした規定に基づき，より客観的評価が要請される中で具体化してきた。

多くの児童福祉施設では第三者委員会などを設置し評価を行っている。評価はサービス内容の質の向上や，利用者の選択に資するための情報提供という目的で行われている。

なお，社会的養護に関係する施設には，3年ごとの第三者評価が義務付けられている。

---

**アドボカシー**　子どもの権利擁護や代弁を目的とした取り組み。

### ②自己評価の位置付けと必要性

　第三者評価だけでなく，子どもや親による利用者評価や，職員自身の自己評価も重要である。先にあげた苦情解決制度は子どもによる評価の1つとして位置付けられ，それに対し，いかに対応するかが現場実践において問われている。職員自身による自己評価においても，その評価をいかに運営に活かすかが問われている。こうしたさまざまな取り組みは社会福祉構造改革以降一般化してきたが，それらが形骸化し，活かされていないという一面も存在する。評価自体が目的になるのではなく，それをいかに活かすかという点が重要であろう。

　なお，自己評価については，第三者評価項目に沿って毎年度行うことが義務付けられている。


### 参考文献

岩佐嘉彦「苦情解決と情報開示」『季刊児童養護』第30巻3号，全国児童養護施設協議会，2000年。

大橋洋一「福祉オンブマンの制度設計とその運用（下）」『自治研究』第73巻6号，第一法規，1996年。

柏女霊峰「子ども家庭福祉サービス供給体制の改革と評価」『世界の児童と母性』第48号，資生堂，2000年。

杉野昭博「障害者福祉改革と権利保障」『社会福祉学』第39巻2号，日本社会福祉学会，1999年。

浜田純一「情報法をめぐる『権利』と『空間』」『情報公開・個人情報保護（ジュリスト増刊）』有斐閣，1994年。

平岡公一「制度改革と政策研究の動向」『社会福祉研究』第77号，鉄道弘済会，2000年。

福島一雄「児童養護施設から見た制度改革」古川孝順編『子どもの権利と情報公開』ミネルヴァ書房，2000年。

古川孝順「制度改革と児童養護」古川孝順編『子どもの権利と情報公開』ミネルヴァ書房，2000年。

山縣文治「福祉サービス改革——児童福祉サービスの今後のあり方」『月刊福祉』第83巻第8号，全国社会福祉協議会，2000年。

山縣文治「子どもの権利保障に関する調査」古川孝順編『子どもの権利と情報公開』ミネルヴァ書房，2000年。

# 2部

# 各 論

# 7章 家族内暴力の状況とその課題

## 1 現代社会における家族状況と暴力の顕在化

　地域・親族関係の希薄化は「プライバシー尊重」といった考え方が強化される中で、家族の閉鎖化・密室化を促してきた。家族内は極めて密室性が高く、その実態が潜在化する傾向にある。

　日本では1990年代に一部の市民の虐待への問題意識から、電話相談を中心とした団体が市民の有志によって各地で設立された。こうした活動は社会の虐待への意識を喚起したと同時に、虐待に対する制度的整備の遅れが認識された。2000年に「児童虐待の防止等に関する法律」が制定され、市民の意識啓発が促され、児童相談所等への通告件数は急増することとなる。

　このように日本では1990年代に「虐待」ということばが一般化し、安全基地としての家族とは対極にある暴力装置としての家族の実態が明らかとなってきた。また2000年以降はDVということばも一般化し、家族内での暴力性がより明らかとなってきた。家族の閉鎖化・密室化は暴力が生じた場合、それが潜在化・継続化・深刻化する傾向にある。

　現代家族におけるこうした子ども虐待やDVの実態やその支援のあり方について考えてみたい。

## 2 子ども虐待の定義と現代の虐待の特徴

　虐待の定義とその内容は表7-1の通りである。これは法律（児童虐待の防止等に関する法律）に基づいた虐待の定義である。一方でこうしたあからさまな暴力だけでなく、養育者による「やさしい暴力」「見えない暴力」といった「条件付の受容（愛）」に基づいた親の子どもへの関与をも広い意味で虐待として捉える動きもある。あるいは「不適切なかかわり」という、より広い範疇を設定し、その中にそれを包括するという考え方もある。「条件付の受容（愛）」

表7-1 子ども虐待の種類と内容

| 虐待の種類 | 法で定義された虐待行為 | 具体的な行為と結果など |
| --- | --- | --- |
| 1. 身体的虐待 | 児童の身体に外傷を生じるような暴行を加えること | 首を絞める，殴る，蹴る，投げ落とす，タバコの火を押し付ける，熱湯をかける，冬戸外に締め出す，一室に拘束するなど生命・健康に危険のある行為 |
| 2. 性的虐待 | 児童にわいせつな行為をすること，させること | 子どもへの性的行為の強要・教唆，性器や性交を見せる，ポルノグラフィーの被写体などに子どもを強要するなどの行為 |
| 3. ネグレクト | 著しい減食，長時間の放置，同居人による虐待の放置，保護者の監護を怠ること | 重大な病気になっても病院につれていかない，乳幼児を家に残したまま度々外出する，乳幼児を車の中に放置する，適切な食事を与えない，極端に不潔な環境の中で生活させるなど保護の怠慢や拒否により健康状態や安全を損なう行為。保護者以外の同居人による身体的・性的・心理的虐待と同様の行為を保護者が放置することも含まれる |
| 4. 心理的虐待 | 児童に対する著しい暴言，拒絶的な反応，同居する家庭における配偶者に対する暴力，その他児童に著しい心理的外傷を与える言動を行うこと | 子どもの心を傷つけるようなことを繰り返し言う，無視する，他の兄弟とは著しく差別的な扱いをするなど心理的外傷を与える行為。子どもの目の前での配偶者に対する暴力 |

出典：『厚生労働省　子ども虐待　対応の手引き』日本子ども家庭総合研究所編　有斐閣，2005年を参考に作成。

とは，子どもが親の望む状況にあるときだけ，受け入れるという考え方である。子どもは懸命にその親の望む子どもになるよう努める。結果的にそうした子どもが思春期以降に，親から離脱して自分の意志で生きていくことが困難となるアダルト・チルドレン（AC）を生み出す可能性の大きいことが論じられてきた。

　子ども虐待は決して現代社会特有のものではない。いつの時代においても，虐待は存在していた。「間引き」や「子殺し」といった虐待や，子どもを手段にして親がお金を得るという形の虐待は古くから存在していた。このように虐待の内容は社会状況によって変化してきたが，虐待は存在し続けてきた。家族が課題を抱えることで，その課題のしわ寄せが脆弱な子どもに向かうということは，いつの時代においても家族の1つの有り様であった。

　今日の社会における特徴としてあげられるのは，家庭内で起こる虐待の潜在化・継続化・深刻化傾向である。孤立化した家庭では子どもや親を支援するイ

ンフォーマルな関係性が希薄化しているために，親による虐待が子どもに与える影響が大きくなる傾向にあるといえる。被虐待体験を語り，それに耳を傾けてくれる人や，身を守ってくれる親以外の大人の不在化，親以外の大人との関係の希薄化などにより，虐待を受けた子どもたちはそれを単独で抱えながら生きていかなければならない。こうした状況が先に述べたアダルト・チルドレンということばを生み出した背景としてもあげられる。すなわち自分の存在を認め，受け入れてくれる親以外の大人との出会いがあれば，親による「条件付の受容（愛）」の影響も緩和され，その後の人生の生きづらさの要因にはならないと考えられる。

### 3 子ども虐待要因

虐待要因についてこれまで親側の要因として，被虐待体験による虐待の世代間連鎖について論じられてきた。しかしながらこうした言説に対する批判的検討もなされてきた。

「子ども時代の体験は後の人生に大きな影響を与える」という言説に基づいたバルネラビリティ（社会的脆弱性）・弱さ・問題点への着目だけでなく，「子ども時代の体験は後の人生に大きな影響を与えるといわれるが，そんなものに人の一生が規定されてしまうほど，人生の可能性は閉ざされてはいない」という言説に基づいた潜在力・回復力・弾力（レジリエンシー）・ストレングスへの着目も重要であり，現実に受けとめてくれる人との出会いにより，回復した人たちもいる。ある自治体による調査結果では「就労の不安定などによる経済的困難」「離婚などによるひとり親家庭」「夫婦間の不和」「育児疲れ」「孤独感」などが要因としてあげられ，虐待の世代間連鎖は要因として必ずしも妥当ではないと結論付けている。一方，被虐待体験をもつ者が虐待の加害者になる割合は約3割であり，被虐待体験を受けた年齢や，支援者の存在の有無などが，世代間連鎖に大きく影響することも論じられてきた。

子ども側の要因については，未熟児や障害児がリスク要因として論じられてきた。しかしこれに関しても，決定的なものは見当たらず，子ども側要因として特定化されるものはないとする調査結果も存在する。

このように一定の親の抱えている課題，親を取り巻く環境，子どもの抱えて

いる課題等に関して数多くの研究が行われ，先に述べたような要因が明らかにされてきたが，各研究による成果結果には相違が見られる。現在では，さまざまな要因をリスク要因として捉え，それを地域における虐待傾向にある親のスクリーニングの際に活用する動きも見られるが，それが親の虐待の加害者としてのレッテル化につながるという指摘もある。

## 4 子ども虐待への社会的取り組み

　1933（昭和8）年に児童虐待防止法が制定された。しかしながら1947（昭和22）年に児童福祉法が制定され，児童虐待防止法は廃止された。児童虐待防止法には禁止事項が規定されていたが，それは児童福祉法第34条にそのまま条文化された。禁止行為として「身体に障害又は形態上の異常がある児童を公衆の観覧に供する行為」「児童にこじきをさせ，又は児童を利用してこじきをする行為」「公衆の娯楽目的として，満15歳に満たない児童にかるわざ又は曲馬をさせる行為」など今日では想定しがたい行為が，禁止事項として規定されている。

　先に述べたように，虐待の内容は社会状況によって変化してきた。現在の社会状況に適した法制度の整備が要請された。1999（平成11）年に18歳未満の子どもに対する性的搾取や性的虐待が子どもの権利を著しく侵害し，子どもの心身に有害な影響を及ぼすことから，児童買春や児童ポルノにかかわる行為等を禁止，処罰するとともに，子どもの権利を擁護するために「児童買春，児童ポルノに係る行為等の規制及び処罰並びに児童の保護等に関する法律」が制定された。また2000（平成12）年には「児童虐待の防止等に関する法律」が制定された。

　その後，虐待を視野に入れた施策づくりがなされてきた。2002（平成14）年には，被虐待児など特別なケアが必要な子どもを対象とした専門里親制度（非行児童や障害児を含む）が創設された。2004（平成16）年，2008（平成20）年には「児童虐待の防止等に関する法律」や児童福祉法が改正され，虐待定義の明確化，通告義務範囲の拡大，司法関与の見直し，警察関与の強化，立ち入り調査の強化，児童相談所長や施設長による一時保護所や施設入所児童への面会・通

信の制限，児童福祉法第28条の措置における都道府県知事による接近の禁止命令，親の指導強化が図られた。ただし接近禁止命令に関しては，一時保護や同意の元での施設入所等の措置の場合にも行うことができるよう近年改正された。

　2004（平成16）年の児童福祉法の改正により，市町村が児童家庭相談の第一義的な機関として位置付けられたことに伴い，虐待を受けている子どもをはじめとする要保護児童の早期発見や適切な保護を図るため，関係機関がその子ども等に関する情報や考え方を共有し，適切な連携を図ることを目的として，市町村による要保護児童地域対策協議会の設置について規定された。また乳児家庭全戸訪問事業や養育支援訪問事業が児童福祉法に規定された。

　児童福祉法における子ども虐待に関する中核的条文規定としては，第25条における要保護児童発見者の通告義務規定，第28条第1項1号の親が措置に同意しない場合における家庭裁判所の承認による措置，第33条の7親権喪失宣告の請求，第29条の立ち入り調査などである。第28条や第33条の7といった親への強制介入に関しては慎重を要するが，虐待による死亡事故の顕在化により，適切な運用が図られるよう，国は通知を発出し，近年これらの活用が漸増傾向にある。

　臨検・捜索については，かつて出頭要求（任意），立ち入り調査を行った後，再出頭要求を行う必要があったが，近年の改正により再出頭要求を経ずとも，児童相談所が裁判官の許可状を得たうえで実施できるようになった。

　親権停止については最長2年を限度に可能となっているが，親権喪失や親権停止に関する家庭裁判所への請求は子の親族や検察官のほか，子，未成年後見人および未成年後見監督人にも認められている。父や母の親権が制限された結果，親権を行う者がいなくなり，未成年後見が開始した場合等において，子の安定的な監護を図るために，複数または法人の未成年後見人を選任することが可能となっている。

　児童相談所における一時保護は原則として子どもや保護者に一時保護の理由，目的，期間，入所中の生活等について説明し同意を得て行う必要があるが，緊急保護の場合等，子どもを放置することがその福祉を害すると認められる場合にはこの限りではなく，職権保護が認められている。なお親権者の意に反して

2か月を超えて引き続き子どもの一時保護を継続する場合，家庭裁判所の承認を得なければならないと近年改正された。また併せて児童福祉法第28条措置の場合，家庭裁判所は都道府県に対し，保護者に対する指導措置をとるように勧告できると改正された。

一時保護中や里親委託中において親権者等のいない子どもの場合，児童相談所長が親権を代行し，児童福祉施設入所中においては施設長が親権を代行することとなっている。なお一時保護中は児童相談所長が，里親委託中は里親，施設入所中は施設長が「監護，教育および懲戒に関し，その児童等の福祉のため必要な措置をとることができる」と規定されており，親権者等は児童相談所長や施設長等のこの措置を「不当に妨げてはならない」と児童福祉法には規定されている。

## 5 子ども虐待の社会的対応課題

これまで子ども虐待対応の中核機関としての児童相談所のあり方について批判され，徐々に改善もなされてきた。職員の専門性の問題や児童福祉司1人当たりの担当ケース数の多さ，一時保護所の問題（混合型ケア，満杯状態，入所期間の長期化，不十分な職員配置）などについて指摘されてきた。

また親子分離後の受け皿の問題も深刻である。全国児童養護施設協議会は入所児のうち被虐待児の割合が約3割を超えると「職員の負担が急に大きくなり」，約4割で「ぎりぎりしのいでいる感じ」となり，約5割を超えたあたりで「崩壊」が懸念されるとしている。被虐待児が増加する中で子ども間の暴力，そうした子どもたちに対応する職員による暴力が顕在化し，安心かつ安全な家庭代替としての施設がそうした環境を提供することが困難な状況にある。国は施設における家庭的養護や家庭養護の推進に努めているが，家庭化するということは職員の負担が増大したり，孤立化する可能性をも高める。そうしたことに対応する新たな社会的養護展開が求められている。

## 6 DVの現状と課題

### (1) DVの捉え方とその内容

　ドメスティック・バイオレンス（DV）は，直訳すると「domestic＝家庭内の」「violence＝暴力」となり，夫妻間，親子間，兄弟間の暴力など，家庭内のさまざまな形態の暴力と考えることができる。しかしながら近年，配偶者やパートナーなど，親密な間柄にある，またはあった者に対してふるわれる暴力という捉え方が一般的になってきた。

　DVは家庭の中のこととして放置される傾向にあるが，被害者は身体的・精神的に大きな傷を負い，生きることさえ困難な状況に陥ることが多い。夫婦げんかでは片付けられない人権侵害行為であり，社会的介入と支援を要する行為であるという認識が必要である。また近年「デートDV」ということばに象徴されるように，恋人関係の中でのさまざまな暴力が顕在化してきており，家庭内に限定されないという捉え方が妥当であろう。

　DVの内容は表7-2に示す通りである。

### (2) DVへの社会的対応

　2001（平成13）年「配偶者からの暴力の防止及び保護に関する法律（DV防止法）」が制定され，2013（平成25）年には「配偶者からの暴力の防止及び被害者の保護等に関する法律（DV防止法）」に改正され，それまで事実婚を含む配偶者や元配偶者からの暴力およびその被害者に限定されていた適用対象が，同居する交際相手からの暴力やその被害者に拡大された。

　DV防止法の施行により社会が夫婦関係等へ介入し被害者の安全確保を図る必要性が法的に裏付けられた。しかしながらその後もDV関連の殺人事件が相次ぎ，シェルター不足により保護が適切に図られない実態や，支援者の専門性の問題から，二次被害を受ける被害者もいた。こうした状況改善を目的に，2004（平成16）年DV防止法が改正され，自治体に自立支援の責務が課され，DV防止と被害者支援のための基本計画策定が都道府県に義務付けられた。同じく2004（平成16）年に「児童虐待の防止等に関する法律」が改正され，「児童が同居する家庭における配偶者に対する暴力」も虐待の定義の中に包括され

表 7-2　DV の例

| ◆身体的暴力<br>・小突く<br>・殴る<br>・蹴る<br>・殴るふりをする<br>・包丁を突きつける<br>・ものを投げつける<br>・髪を引っ張り，引きずりまわす<br>・タバコの火を押し付ける<br>・首を絞める<br>・階段から突き落とす | ◆精神的暴力<br>・何でも従えと言う<br>・発言権を与えない<br>・交友関係や電話の内容を細かく監視する<br>・外出を禁止する<br>・何を言っても無視する<br>・人前で侮辱する<br>・大事なものを捨てる，壊す<br>・罵詈雑言（ばりぞうごん＝ののしり）を浴びせる<br>・夜通し説教をして眠らせない |
|---|---|
| ◆経済的暴力<br>・生活費を渡さない<br>・外で働くことを妨害する<br>・洋服などを買わせない<br>・家庭の収入について何も教えない<br>・家計を厳しく管理する | ◆性的暴力<br>・見たくないのにポルノビデオを見せる<br>・脅しや暴力的な性行為<br>・避妊に協力しない<br>・中絶の強要<br>・子どもができない事を一方的に非難する<br>・性行為の強要 |
| ◆子どもを巻き込んだ暴力<br>・子どもに暴力を見せる<br>・子どもを危険な目に遭わせる<br>・子どもを取り上げる<br>・自分の言いたいことを子どもに言わせる<br>・子どもに暴力をふるうと脅す | |

出典：千葉県ホームページより
　（https://www.pref.chiba.lg.jp/dankyou/dv/dv.html）

た。すなわち DV を見せられることは子どもへの心理的虐待であると捉えられる。また DV にはこうした心理的虐待だけではなく，身体的虐待が疑われる場合も多い。

　さらに 2007（平成 19）年の DV 防止法の一部改正では，生命等に対する脅迫も保護命令の対象となったほか，電話等の禁止，親族等への接近禁止が規定されるなど保護命令制度が拡充された。

　DV 防止法には，都道府県が設置する「配偶者暴力相談支援センター」，一時保護，警察官による被害の防止・警察本部長等の援助，福祉事務所による自立支援などについて規定されている。また保護命令については，被害者がさらなる配偶者からの暴力または生命等に対する脅迫により，生命や身体に重大な

危害を受けるおそれが大きいときは，裁判所は被害者の申し立てにより以下の事項を命じることとなっている。なお③から⑤は，①の接近禁止命令の発令が前提条件となる。保護命令の有効期間を延長した場合，改めて保護命令（再度の保護命令）の申し立てをする必要がある。

① 当該配偶者に対し，6か月間の被害者への接近禁止
② 2か月間の住居からの退去
 （被害者および当該配偶者が生活の本拠をともにする場合に限る。）
③ 子への接近禁止命令（6か月間）
④ 電話等の禁止（6か月間）
⑤ 親族等への接近禁止（6か月間）

DVの背景にはジェンダーが大きく作用していることがこれまで指摘されてきた。「男らしさ」という意識は，男性が感情を表現したり，それを言語化することを妨げ，女性より強くあらねばならないという思いが暴力要因として考えられてきた。逆に「女らしさ」という意識は，男性による暴力を積極的に拒否するという態度を形成することを困難としてきた。こうした観点から，被害者や加害者のケアを考える取り組みもなされてきた。すなわちジェンダー意識の変革を目的としたアプローチである。しかしながら加害者の背景にはジェンダー意識以外にも，養育される過程における被虐待体験なども考えられ，治療的ケアも必要である。それは被害者も同様であり，心理治療的ケアの必要性はいうまでもない。

**参考文献**
斎藤学『「家族」という名の孤独』講談社，2000年。
信田さよ子『アディクションアプローチ——もうひとつの家族援助論』医学書院，1999年。

# 8章 社会的養護の現状と課題

## 1 現代社会における養護問題

　いつの時代においても子どもの養育は家族のみで完結するものではない。これまで親以外の親族や近隣の人々、施設や機関などが協働して子どもの養育を支えてきた。しかしながら都市化、産業化、核家族化、地域関係の希薄化や、養育を支える施設や機関の未整備などにより、親に養育上の負担が集中するようになってきた。地域や親族による養育機能が低下する中で、何らかの危機に家族が直面したとき、それに対し家族でうまく対処できず養育上の問題が生じ、親子分離を強いられることもある。こうした養育上の問題を養護問題と呼ぶ。

　養護問題は社会や経済状況と密接に関係があり、その内容は時代とともに変化してきた。戦後児童福祉法が制定された頃の養護問題は、戦争により親や家を失ったいわゆる戦災孤児や、浮浪児問題が多くを占めていた。1950年代半ば頃から日本は急速な高度経済成長期に入り、産業構造が変化し、人口の都市集中化や核家族化を招き、養育機能の低下をもたらした。その結果今日では、都市部を中心に、養護問題が顕在化してきた。

　養護問題の内容を児童養護施設や乳児院への入所理由から年次別に見ると、近年入所理由は多様化傾向にある。両親のいずれかが大部分の子どもたちに存在する中で、親がいても適切な養育を受けられない子どもたちが増加している。近年増加傾向にあるのは、「母の精神疾患等」や虐待に関係する項目である。とくに近年関心を集めているものとして、「父母の放任・怠惰」「父母の虐待・酷使」「養育拒否」といった虐待があげられる。本調査は入所理由について単一回答であることから、複数の理由を抱えている子どもは主たる理由に包括されている。したがって潜在的に虐待を受けている子どもを含めると、虐待を受けている子どもの割合はかなり高いといえよう。

　今日においても多くの入所理由の背後には、根強く貧困問題が存在する。貧困により家族が破綻し、施設入所を余儀なくされる子どもたちが存在する。養

護児童の親には，低学歴，転退職による不安定就労状況にあり，生活保護世帯，非課税世帯および低所得者世帯が多い。また家族での協力関係や愛情関係は薄れ，家族機能が著しく低下し，基本的な生活も成立していない家族もある。家族不和，犯罪，ギャンブル，薬物やアルコール依存といった状態にある親のもとでの生活から，子どもの多くは基本的生活習慣も身についておらず，低学力で，非行問題をもつ傾向にある。経済的，精神的貧困は世代で継承される場合が多く，社会的にそのサイクルを断ち切ることが重要であり，養護実践にそうした機能が求められている。

## 2　社会的養護の場

　子どもの養育は先に述べたように家族以外のさまざまな資源による支援があって成り立つものである。核家族化や地域関係の希薄化により養育機能が低下する中で，社会的養護の場が果たす役割はますます重要となってきている。多くの子どもたちは，家族での養育を基盤にそれを補完するさまざまな社会的支援を受けながら生活している。しかしながら，現代社会におけるさまざまな要因により，家族での継続的な養育が不可能となり，社会的養護の場で生活することを強いられる子どもたちが存在する。養護児童が生活する社会的養護の場は大きく2つに分けられる。1つは家庭養護（family-based care）である。これには里親が代表的なものとしてあげられる。もう1つは施設養護（residential care）であり，乳児院，児童養護施設，施設の分園として存在する家庭的養護（family-like care）といえるグループホームなどがある。こうした用語は2009（平成21）年に国連で採択された「児童の代替的養護に関する指針」に基づくものであり，本指針は日本の児童養護を家庭養護や家庭的養護に大きく転換する契機となった。

　日本における養護児童の生活場所は家庭養護より，施設養護が圧倒的に多い。一方，一部の欧米・オセアニア先進諸国では家庭養護が主流である。それらの国々では施設養護の主たる機能は治療的機能としての短期入所に限定されている。

　近年改正された児童福祉法第1条において，すべての子どもは適切に養育さ

れ，心身の健やかな成長発達やその自立が図られる権利を有することが明確化された。さらに第3条の2において，子どもを家庭において養育することが困難である場合や適当でない場合にあっては，子どもが家庭における養育環境と同様の養育環境において継続的に養育されること，また子どもを家庭や当該養育環境において養育することが適当でない場合にあっては子どもができる限り良好な家庭的環境において養育されるよう，必要な措置を講じなければならないとし，家庭養護優先の原則が児童福祉法においても明確化され，そうした環境で育つ子どもの権利が明記されたと理解できる。

児童の権利に関する条約の第20条には，養護児童についてとるべき方法として「里親委託，……養子縁組又は必要な場合には児童の監護のための適当な施設」への入所をあげている。この規定から養護児童にはまず里親や養子縁組の提供を考え，施設養護はその必要性が考慮される特別な場合に限定すると解釈できる。

これまでもホスピタリズム論に代表される入所施設の問題については指摘されてきた。そしてこれが主張された1950年代当時から比べれば，入所施設は大きく改善されてきた。しかしながら，施設であるがゆえの限界が子どもの養育においては存在する。年齢や子どもの発達課題上，施設養護が望ましい子どもも存在するといわれるが，継続的な養育者による家庭養護が望ましい子どもたちがほとんどである。とくに乳幼児の場合には，家庭養護の可能性を十分に検討する必要があろう。

### 3 社会的養護関係施策とその体制

#### (1) 児童相談所における対応

社会的養護で生活する子どもたちは児童相談所によって措置される。児童相談所では通告や相談，送致を受けた者に対し，児童福祉司，児童心理司，医師，弁護士といった専門職員によって必要な調査や判定がなされ，援助方針が決定される。援助方法としては，子どもを家族にとどめたままでの援助と，子どもを施設や里親等に措置し家族への援助を継続する方法が考えられる（児童福祉法第27条第1項参照）。子ども人口が減少しているにもかかわらず，児童相談

所で受け付ける養護問題を主訴としたケースは増加傾向にある。とくに近年児童虐待の顕在化によりその数は急増しており，児童虐待を含む家族環境上の問題を主訴としたケースが増加傾向にある。

また各市区町村に存在する相談機関や児童家庭支援センターなどにおいても養育上の問題に対応している。児童相談所が対応し，親子分離をせず在宅で援助を継続する場合，そうした業務を市町村や児童家庭支援センター等に委託することもできる。

## (2) 家庭養護

家庭養護の中核に里親制度がある。里親に関しては児童福祉法第6条3項において「保護者のない児童又は保護者に監護させることが不適当であると認められる児童を養育することを希望する者であって，都道府県知事が適当と認める者」と規定されている。里親は施設長とともに子どもの監護，教育，懲戒に関する措置をとることができる。

これまで政府は家庭養護と施設養護における家庭的養護の推進に向けた施策を展開してきた。家庭養護の推進に向け，都道府県の業務として里親に対する相談等の支援を行うことを明確化し，一定の要件を満たすものに委託できることとなった。また自治体の独自事業として行われてきた里親型グループホーム（ファミリーホーム）が小規模住居型児童養育事業として規定され，社会福祉法では第二種社会福祉事業に位置付けられた。さらに子どもの措置における里親委託優先原則を掲げた「里親委託ガイドライン」や養育指針の作成，乳児院や児童養護施設における里親支援専門相談員の配置がなされた。

里親は「養育里親」「養子縁組里親」「親族里親」「専門里親」に分けられる。親族里親は実親や現に監護する者が死亡，行方不明，拘禁，入院等の状況にあることで，これらの者による養育が期待できない場合に，扶養義務のある三親等内親族による里親である。虐待や養育拒否により養育が期待できない場合や精神疾患により養育ができない場合なども含まれ，親族里親として養育を委託しなければ，その親族が経済的に困窮し，生計を維持することが困難となってしまう状況等にあることが条件となっている。扶養義務のない親族は養育里親の要件によって養育里親として認定・登録できる。「養子縁組里親」と「親

族里親」は里親手当が支給されず事業費（生活費）の支給のみとなっている。「専門里親」とは3年以上の里親経験や児童福祉施設・機関での勤務経験をもち，一定の研修を受けた者が被虐待児，非行児，障害児など専門的ケアの必要な子どもを専門に原則2年を限度に同一の子どもを養育する里親である。

アメリカやイギリスでは，子どもに対しその家族が危機にある間，一時的に代替家庭でのケアを保障するために里親を活用する一方，子どもに法的親子関係と永続的代替家庭を提供する目的に養子縁組を活用している。日本では先に述べたように，里親措置の多くの子どもたちは，家庭復帰の見込みのない子どもたちである。そしてそのおよそ半数は，養子縁組を前提とした乳幼児であり，残りは長期的に里親のもとで生活している。家庭復帰を目的とした一時的養育の場としてのアメリカやイギリスの里親の捉え方は，日本と大きく異なるといえよう。

日本では1987（昭和62）年民法の改正により，特別養子縁組制度が導入されている。本制度は原則として6歳未満の養護児童の利益のためにとくに必要な場合に，家庭裁判所の審判により成立するものである。6歳未満で家庭に引き取られれば，8歳まで申し立ては可能である。本制度の場合，通常の養子縁組（普通養子）と違い実親との縁が断絶され，原則として離縁も認められず，戸籍も父母欄には養父母の氏名のみを記載（普通養子は実父母も表示），続柄は嫡出子と同様に「長男（女）」などと記載（普通養子は「養子」と表示）することになっている。また提供過程において児童相談所等，児童福祉機関が関与することになっている。

### (3) 施設養護

養護児童が生活する施設には，原則として乳児および幼児が入所する乳児院と，乳児，幼児，少年が入所する児童養護施設とがある。これらの施設は国と都道府県が負担する措置費により運営されており，措置費は事務費（人件費・施設管理費）と事業費（生活費）に分けられる。

筆者が訪問した乳児院では，定員が45人で，子どもにかかわる職員は最低基準に近い27人であった。子どもたちは生後すぐから5か月未満，5か月から1歳未満，1歳から1歳半未満，1歳半以上までの4グループに分けられ，

子どもたちは成長とともにグループを移動していくことになる。当然担当する職員も変わる。食事の時間になると，1対1の対応が必要になるので，食事をとる子どもと，食事を待つ子どもとの2グループに分けられる。待機している子どもは，1人でじっと待っていなければならない。職員が忙しそうに口や体を動かしているのに対し，子どもたちが無表情に，口を動かしたり，待機している姿が印象的であった。また子どもたちに馴れてきた職員のもとを，子どもたちは成長とともに離されることになる。養育過程ではできるだけ一貫した職員が子どもに対応することが望ましい。一貫した職員がかかわれば，ある程度子どもの特徴を把握し，子どもに合わせた生活が可能である。そうしたことが，職員のケアに対する心のゆとりをもたらす。子どもも職員による対応の違いに戸惑うこともなくなる。職員の生活文化が子どもの養育過程に影響を及ぼし，職員が単なるケアの担い手ではなく，子どもの主たる養育者となり，養育者と子どもとの独自の文化を形成する。そうした文化の形成が相互の信頼関係を確立する。

施設ではいくら職員が子どもを均等に見ようとしても，どうしても目立つ子どもに目がいってしまう。したがって子ども側も少しでも職員の目を引こうと，さまざまな行動をとる。子どもにとっていわば「競争社会」ともいえる施設は，あまりに苛酷ではないだろうか。だからこそ，一刻も早くこれらの子どもに養育者と一貫した親密な継続的関係が維持できる場を提供し，できるだけ施設入所を短期にするべきである。乳児院の中には職員を「ケースマザー」と呼び，退所するまで一定の職員が子どもにかかわるような工夫を試みている施設もあるが，そうした配慮がなされている施設は少ない。

児童養護施設は原則として児童福祉法上，乳児，幼児，少年が入所する施設である。近年被虐待児や発達障害児などの増加により，限られた職員で対応する困難な状況が顕在化してきた。

施設における家庭的養護の推進に関しては，児童養護施設における施設規模や生活単位の小規模化に向け「地域小規模児童養護施設（グループホーム）」や小規模グループケア（ユニットケア）が導入されている。家庭的養護の意義については以下のことがあげられる。

・一般家庭に近い生活体験をもちやすい。

- 子どもの生活に目が届きやすく，個別の状況にあわせた対応をとりやすい。
- 生活の中で子どもたちに家事や身の回りの暮らし方を普通に教えやすい。
- 調理をすることにより，食を通じたかかわりが豊かにもてる。
- 近所とのコミュニケーションのとり方を自然に学べる。
- 集団生活によるストレスがなく，子どもの生活が落ち着きやすい。
- 日課や規則など管理的になりやすい大舎制と異なり，柔軟に運営できる。
- 安心感のある場所で，大切にされる体験を提供し，自己肯定感を育める。
- 子どもたちがわが家という意識で生活でき，それが生活の主体性につながり，自立の力が日常生活を通じて身についていく。
- 家庭やわが家のイメージをもち，将来家庭をもったときのイメージができる。
- 自立を意識し，意図的に子どもにかかわれる。
- 少人数のため行動しやすい。
- 地域の中にグループホームを分散配置することにより，地域での社会的養護の理解が深まる。
- 地域の子ども会，自治会，学校区の関係者との交流が深まる。

　一方で，以下のような課題もあげられており，改善策が検討されている。
- 職員1人での勤務が多く，また，職員が生活全般の支援，調理，対外関係，地域対応，親や家族との対応，心理的ケア，自立支援，事務金銭管理など多様な役割をこなすため，職員の力量が問われる。
- 新人の育成が難しい。
- ホーム内のできごとが周囲に伝わりにくく，閉鎖的あるいは独善的なかかわりになる危険性がある。
- 人間関係が濃密となり，子どもと深くかかわれる分，やりがいもあるが，職員の心労も多い。

　これらの課題は職員に関する内容である。子どもにとってよりよいケアが職員にとって負担を強いられる側面があり，子どものケアのあり方を考えると同時に施設構造の検討も必要である。

## 4 施設環境

　児童福祉施設の設備及び運営に関する基準は，職員の配置基準や施設の設備基準について規定している。乳児院では，医師（嘱託でも可），栄養士，調理員，個別対応職員，家庭支援専門相談員以外に看護士を2歳未満の幼児1.6人に1人以上，満2歳以上3歳未満の幼児2人に1人以上，満3歳以上の幼児4人に1人以上の配置について規定されている。ただし看護師は保育士や児童指導員に代えることができるが，乳幼児10人の乳児院には2人以上，乳幼児が10人を超える場合には，10人に1人以上の看護師の配置が規定されている。実際には職員が24時間勤務というわけではなく交代勤務を行っている。したがって常時この配置で子どもにかかわることはできない。

　児童養護施設では2歳未満の幼児1.6人につき1人以上，満2歳以上満3歳未満の幼児2人につき1人以上，満3歳以上の幼児4人につき1人以上，少年5.5人につき1人以上と規定されている。

　一貫した継続的な個別関係を養育者と子どもとが結べないために，子どもの育ち直しのために必要な退行（赤ちゃん返り）や，試し行動も起きない状況である。たとえ退行を起こしたとしても，それに対応できない状況にある。とくに近年生活単位を小規模化するグループホームやユニット制が導入される中で，職員の対応しなければならない子ども数は増加傾向にあり，ますます個別対応が困難な状況にある。

　日本のこの配置基準は一部の欧米・オセアニア先進諸国と比較しても極めて低水準である。カナダのグループホームでは7人定員に職員が8人配置され，なおかつセラピストといった専門職員も配置されている。これは職員が週40時間労働，週休2日を維持し，子どもに対しては常時子ども4人に職員1人の配置を維持するために必要な職員数である。またイギリスのコミュニティホームや児童ホームの職員配置基準は子どもと職員の割合が1：1である。

　児童養護施設における児童の居室については一室の定員を4人以下とし，その面積は1人につき4.95平方メートル以上とすることと規定されている。この規定が適用されるため，中高生であっても個室を確保することは困難といえよう。

## 5　家族支援と自立支援

### (1) 家族支援
#### ①自立支援としての家族支援——子どもを中心とした家族支援

　児童の権利に関する条約第9条第1項は親子不分離の原則を規定し，同条約第18条は，子どもを養育する第一次的責任が父母にあり，国は父母がその責任を遂行できるよう適切に援助しなければならないとしている。また児童福祉法第2条第3項は，国と地方公共団体は子どもの保護者とともに，子どもを心身健やかに育成する責任を負うとしている。こうした原則に基づけば，里親や施設措置以前にその措置を予防するために，親への支援を社会的に提供しなければならない。しかしながら「子どもの最善の利益」という観点から親子が分離された場合，その後において子どもと親の関係継続を視野に入れた支援を提供しなければならない。

　児童の権利に関する条約第8条は子どもが家族関係を保持する権利について，アイデンティティの保全のために必要であるとし，また第9条は親から分離された子どもが，定期的に父母と人的な関係や，直接の接触を維持する権利を規定している。現在，施設養護においては，家族支援の中核的職員として乳児院，児童養護施設，児童心理治療施設，児童自立支援施設には家庭支援専門相談員（通称：ファミリーソーシャルワーカー）が配置されている。

　自己肯定感は「出生家族について知ること」「過去の人間関係について知ること」「過去の重要な人間関係を適切に保つこと」で得られるとされている。家庭復帰の可能性にかかわらず，各親子の状況に応じた適切な親子関係の継続が，子どもの精神的支えとなる場合が多い。実親子関係の維持は子どものアイデンティティや自己肯定感の形成に寄与し，その後の自立過程に大きな影響を与えると考えられる。したがって子どもと家族との関係を扱うことは，子どもの自立支援過程において必要不可欠であり，こうした認識に基づけば，子どもの自立支援の一環として家族支援を位置付けることができ，子どもを中心とした家族支援という考え方が生まれる。

　現在，施設や里親のもとで生活している子どもの多くに両親のいずれかが存在するが，家庭復帰や親子関係の継続は困難な状況にある。本来的には児童相

談所が中心となり，家族にかかわり実親子関係が継続することが望ましい。しかし児童相談所では児童福祉司の担当ケース数は多く，地域によっては担当地域が広範囲に及び，また採用や転勤の問題などから専門性に基づいた実践の蓄積が困難である。また里親で長期養育を前提として委託されている里親自身が，子どもと実親との交流を望んでいない場合が多く，児童相談所もあえてそうした交流努力をしないのではないかという指摘もある。施設も子どもの日常生活ケアに追われ，なかなか親とかかわりをもち親への支援を継続することは困難である。こうした状況の中で実親子関係が希薄化，あるいは喪失したまま社会へ出ていかざるを得ない子どもも多い。

　家族支援の目的は，性急な家庭引き取りを促進するものではないといわれる。結果的に家庭復帰できればいいが，あくまで子どもの自立支援過程において家族との交流が必要であるといえる。東京都児童相談センターは家族再統合が必ずしも家庭復帰を意味せず，種々の援助を提供して分離している子どもと家族との関係を再構築していく過程で最適とされた統合形態が，その家族にとっての再統合の形であると捉え，それは完全な家庭復帰から，毎週末や長期の休みに定期的に外泊する形の部分的復帰，面会，外出，外泊，電話，手紙などで，家族の一員であることを確認できる程度の接触までさまざまであるとしている。

　愛知県児童相談センターの作成した家族支援マニュアルには「家族再統合とは，親子が親子であり続けられる親子関係・親子形態の再構築であり，親子が安全かつ安心できる状態で互いを受け入れられるようになることで，必ずしも親子が一緒に住み暮らすことではない」と記されている。

　このような考え方を踏まえれば，家庭復帰できなくても永続的に実親との関係は子どもにとって必要であり，そうした関係性を維持するためにも，家族へのかかわりのあり方が問われなければならない。しかしながらこのような並行関係の維持が，結局日常業務に追われる施設・児童相談所による家族へのかかわりを希薄化させ，実親子関係の断絶へと発展し，施設での愛着形成が困難な中で子どもに傷を残す可能性も大きい。また年齢の上昇とともに里親委託や養子縁組の機会を失い，家庭生活の経験を積むことも困難となる。したがって，家庭復帰を目的とした家族支援も時限的に行うことも必要である。

　一方，近年虐待を理由とした施設入所や里親委託が増加傾向にあるが，一時

帰省などでの親による子どもへのかかわりが，子どもに問題をもたらすという調査結果も明らかにされている。実親と子どもが直接会う交流については慎重を要する事例も存在するといえ，実親子関係の継続を目的とした支援のあり方も困難化してきているといえる。また，現に養育されている養育者と実親との間に子どもは葛藤（忠誠葛藤）を感じることもあり，そうした葛藤への対応の必要性も高まっている。

### ②実親子幻想を超えて

　実親子関係の強調は，子どもへのより望ましい養育者の提供を阻害することもある。すなわち「実親子幻想」「血縁神話」ともいえる実親尊重至上主義は，子どもの利益を損ねる場合であっても家庭復帰を促し，結果的に子どもが親から再虐待されることもある。被虐待児の親への愛着について，「こんなことをされても親を思うなんて，なんて親子の絆は強いんだろう」と語られ，PTSD（心的外傷後ストレス障害）による「ゆがんだ愛着」への認識が希薄であることが指摘されている。また決して誇ることのできない親だからこそ，想像上自らを世に出した親に尊敬の念をもちたいし，慕わしくも思いたいという願いの強さについて指摘されている。さらに「いつか素敵な生みの親が現れて，自分を養ってくれるなどという生みの親の幻想に逃避して，自立する努力を子どもが放棄した場合や，生みの親の幻想をちらつかせて，養育者を心理的に支配しようとする」ことをシンデレラコンプレックスといい，関係機関と協議のうえ，適切な表現で，ある程度，生みの親の現実を突きつけざるを得ない場合もあるかもしれないと指摘されている。こうした実践に対しては賛否両論あり，普遍的に応用できるものではないし，子どもの年齢や生育歴に合わせて個別的に対応する必要がある。子どもの年齢に合わせてなぜ施設入所を余儀なくされているかをライフストーリーワークなどを通して適切に伝える必要もあり，そうした過程で親の現実を伝えざるを得ないときもあり，子どもへの対応の難しいところである。

　家庭復帰が無理であっても，アイデンティティの保障という観点から実親子関係を何らかの形で維持できるよう関与することは社会的責務である。子どもなりの折り合いの付け方を側面的に支援することも重要な子どもへのケアである。

一般的に親に幻想をもち続けているときは子ども自身,「自分が悪いから親と暮らすことができない」という自己否定感をもつ傾向にある。しかし親の現実を知り,親への思いが変化する中で,自己肯定感を取り戻し,親を否定する過程を歩むと考えられる。その後,子どもなりの理解に基づき,折り合いをつけることとなる。こうした過程が精神的自立過程において大きな意味をもつと考えられる。

　被虐待児の多くも,「親が自分を愛しているから殴られる」「自分が悪いから殴られる」という思いをもつ傾向にあるが,そうでない認識をまず子どもにもたせるアプローチが必要である。そのために親以外の一定の者との愛着関係を提供し,そうした関係性に基づいた養育関係を保障することが重要である。パーマネンシーを保障できる児童養護施設職員と子どもとの養育関係の形成が困難である状況下では,虐待されていたとしても,親に対しある種の幻想を抱きつつ親への愛着を示すのは当然であろう。里親のように子どもにとって独占でき,かつ一貫した個別ケアが保障されれば,実親への愛着感は希薄化するのではないだろうか。

### (2) 自立支援

　児童福祉におけるキーワードの1つに「自立支援」をあげることができる。児童福祉法のもっとも大きな改正がなされた1997年,いくつかの養護系施設の名称や機能などが変更され,自立支援という視点が新たに導入され,「教護院」は「児童自立支援施設」と改称された。さらに児童自立支援施設や児童養護施設の目的規定に「自立を支援」「自立のための援助」という文言が新たに付け加えられた。

　この児童福祉法改正後の「社会福祉基礎構造改革」においても自立支援が強調され,社会福祉の目的を,社会連帯や個人の尊厳を基調とした自立を支援することにあるとしている。そしてそれまでの社会的弱者の保護としての社会福祉のあり方を転換させたことの意義について論じられた。このように「自立支援」は社会福祉実践や政策の方向性を示す重要な概念であると捉えることができる。

　自立支援は狭義には施設退所前あるいは退所後において,施設退所後の生活

の安定のために必要な社会生活技能を修得するためのケアや，自立過程における生活上の相談に応じる支援として理解され，リービングケアやアフターケアと呼ばれている。しかしながら施設退所後の生活を安定させるためには，日々の日常生活ケアの積み重ねも重要となってくる。したがって，自立支援は広義には施設ケア全体を指すとも理解できる。すなわちインケア，リービングケア，アフターケアが連続性と一貫性をもって子どもの自立に向け提供される必要がある。

　自立生活において必要なことは，日常生活での必要な技能や知識の修得，経済的自活，生活を自らの意志で決定できる精神的自立などがあげられる。日本ではかつて義務教育終了後，就職したり高校などを中退した者は措置解除の対象であった。また退所後就職先を退職した者に対しても，施設が対応することは制度的に保障されてなかった。ひとり暮らしをするには不安があり，何らかの社会的支援が継続的に必要な子どもであっても，就職すれば自立したとみなされ，施設を退所し社会的支援を受けずに地域で生活することを余儀なしとする状況が一般的であった。このような子どもの状況を「強いられた自立」と呼び，そのあり方について批判されてきた。

　しかしながら，児童福祉法における措置の延長や通知に基づく措置継続や再措置の活用により，こういった者に対し制度的には施設生活を保障し，自立支援を行うことが促された。また施設退所し，就職した者に対する訪問指導にかかわる経費が保障された。さらに民間のボランティア精神に大きく依存して進められてきた「自立援助ホーム」活動を予算補助事業として位置付け，1998（平成10）年に改正された児童福祉法においては児童自立生活援助事業として，社会福祉法において第2種社会福祉事業に規定された。近年における児童福祉法改正により，事業の対象が義務教育終了の児童のほか20歳未満の者とされた。また就学状況にある者については，22歳に達するまで入所することが可能となった。「児童養護施設分園型自活訓練事業」では個別指導訓練が実施されている。これは退所するまでおおよそ1年間，施設に付設されている分園のホームで生活体験を通して，自立に必要な知識や能力を身につけるというものである。さらに「社会的養護自立支援事業」により，児童養護施設等や里親等で生活する児童は22歳に達するまで，生活場所や生活費の提供および相談支援等

を継続して受けることができる。

　このように制度や支援を行う拠点については，これまで検討されてきた。しかし実際の支援内容については模索段階である。生活技能や知識は体系化が比較的容易であり，教育を通して子どもたちは修得可能であるが，自立とは決して生活技能や知識の修得だけでなく，精神的側面が重要である。精神面での自立は，長期にわたる家庭や施設での生活によって育まれるものである。近年増加しているといわれる実親による虐待を受けた子どもは，心の傷が癒されることなく，自立していくことは困難である。施設生活を余儀なくされている子どもの多くは，家族がむしろ自立を阻害している場合が多く，心理的回復を目的とした高度な専門的ケアにも取り組む必要がある。

　さらに自立要件として進学保障も重要である。施設で生活する子どもの多くは，中学を卒業する段階で1つの選択を迫られる。すなわち就職か進学かという，自分たちのその後の人生を大きく左右することとなる重要な選択である。一般社会では高校などへの進学率が95％を超え，半ば義務教育化している状況の中で，施設で生活する子どもの中には，進学を断念して就職する者もいまだ存在する。児童養護施設では長期にわたり，義務教育までしか認められていなかった。1973年に国が中卒後の進学費用を特別育成費として措置費で保障した。それ以降，高校や職業訓練校などへの進学率は年々上昇してきた。しかしながら，一般家庭の子どもと比して中卒後の進学率は現在でも低率である。また定時制高校，職業訓練校，普通科でない高校への進学率が高い。近年高校へ進学しても中退する者も増えており，このような状況の中で進学に対し消極的な意見もある。しかし中退したとしても，モラトリアム期は中卒の者より長く保障されており，その意義はあると理解できる。近年高卒後進学し，奨学金やアルバイトで生計を立てる者も徐々に出てきたが，高卒後の進学は少数である。高卒後のモラトリアムの保障が今後の課題といえよう。

## (3) 退行・試し行動の無条件の受容と生い立ちの告知

　ここでは中途養育の育ち（て）直しにおいて，重要な退行や試し行動の無条件の受容と生い立ちの告知について論じる。
　先に指摘したように，被虐待体験を抱え，親子分離を強いられた子どもに個

別的関係性が提供されることで，子どもは退行（赤ちゃん返り）や試し行動を起こすといわれている。いわば子どもはあたかも養育者が信頼に値する人間であるかを確認するようなさまざまな行動を取り，養育者はそれらを無条件に受容するという非常に困難な課題を突き付けられる。しかしながら一方で，近年試し行動ということばに疑問が提示されている。すなわち，子どもに養育者を「試してやろう」という意図や策謀があるかのようで，使われ方によっては挑戦的でさえある。しかし子どものこうした行動は無意識的，本能的行動である。そういった点で誤解を招くこともあるといえる。

　子どもの自立にとって愛着形成は必要不可欠である。実親から引き離された子どもにとって，愛着関係を形成するという育ち（て）直し過程において，退行や試し行動の無条件の受容は必要不可欠であるといわれている。無条件の受容の必要性については，以下の文書の中で説明されている。

　以下では長年里親委託に関与してきた家庭養護促進協会大阪事務所から毎月発行されている『あたらしいふれあい』から抜粋し考えてみたい。文章は協会の職員によって書かれたものである。

　　血の繋がりを越えて，親子関係を形成するということは，そう簡単なことではないと，一応は誰でも予測している。（中略）
　　まず，施設での実習を済ませて，里親宅に引き取られてくると，大概は3日ぐらい，長くても1週間ぐらいは，とてもお利口にしている。その年齢の子どもが本来できることをさっさとし，また与えた食事をしっかり食べてくれたりする。これを，私は「見せかけの時期」と名付け，子どもは，どうやら里親の出方を伺っているのだと解釈している。
　　しかし，短い期間とは言え，とてもやりやすかった子どもを知ってしまっただけに，次に現れる「試しの時期」に，びっくりしてしまうことになる。「試しの時期」は，子どもが，この人たちは，どこまで自分を親として引き受けてくれるかを，色々な問題行動，とくに里親が嫌がるであろうような行動を次々にとることによって，試している時期である。
　　これについては，子どもからのすべての要求を，無条件に引き受けてほしいと指導している。「血の繋がりがあろうとなかろうと，親子になるには，

親は子どもを丸ごと引き受けなければならないのです。どこか少しでもはずすと，親子にはなれないのです」というのは，親子結びに失敗し，子どもを施設に返してしまった里父が，その心痛む経験を反省してのことばである。

「子どもを丸ごと引き受ける」ということの意味は，どういうことであろうか。子どもは，自ら望んで生まれてくるわけでもなければ，育ててくれと頼んだわけでもない。受胎にしろ，出産にしろ，大人の意図した行為によって成立する。しかるに，その結果としての子どもには，大人がすべての責任をとらなければならない。産んでやったわけでもなく，育ててやったわけでもなく，「産んでくれて，育ててくれてありがとう」と子どもが言えるようになるには，無条件にその命の存在を承認し，その命そのものが育とうとする経過に，喜びと感動をもって接し，そして社会へすだって行くまでの，すべての責任を引き受けてくれた人に対して，すっかり大人になった子どもが言えることであろう。

とりわけ，生まれたばかりの子どもが，自分に接する大人を信頼するようになるためには，その大人が自分のあらゆる欲求を満たしてくれる人だと認識するところから始まる。子どもはその欲求を「泣く」という行為だけで示すのである。泣きさえすれば，その大人は飛んできて，自分の欲求を推察し，充足させてくれる。これが親子関係の原点である。

私たちが育ててもらいたい子どもとの関係も，子どもの年齢にかかわらず，まず，その０歳からの信頼関係を築くところから始めなければならない。だから，子どもの要求のすべてを聞き入れ，命にかかわること以外ならば，どのような行動を取ろうとも，叱らず，肯定的に受けとめてほしいと，私は説明している。しかし，実態は，すでに３歳や５歳になっている子どもが，精一杯頭を使って，意識的にあるいは無意識的に相手が自分をどこまで引き受けられるのかを計っているのだから，０歳の赤ちゃんのようには，素直にあるいは自然なこととして受けとめられないから，難しいのである。

でも，多くの子どもが「赤ちゃん返り」をしてくれる。それは，子どものほうが，「そこから始めてほしい」ということをよく知っているからであろうと思っている。最初の半年から１年近く，この地獄のような戸惑いにしっかり対応してくれれば，まずは，基本的な信頼関係が築け，なんとなく子

どもが穏やかで，素直になってくれる。
　そこから，すこしずつ本来の年齢に近づいていきながら，親子の関係を深めていかなければならない。

（1997年3月20日・通算255号）


　里親のもとにやって来た当初は接しやすいと感じても，その後豹変したかのように，退行や試し行動を起こす。その具体的内容やそれへの対応については以下のように述べられている。

　AちゃんもBちゃんも，養父母以外の人がいたり，外では，そのような振る舞いはないのですが，家の中では赤ちゃんになってしまいました。（中略）部屋にジュースをまき散らしたり，大量の買い物をしたり親をわざと困らせ試している様子や，ハイハイで移動したり哺乳瓶をくわえて赤ちゃん返りしている写真を里親希望者には見てもらっています。0歳からの空白期間を埋め，親子関係を築くために，里親にはその子どもの状態を全面的に引き受けてほしいと思っています。

（2008年7月20日・通算391号）


　家に帰ってからはすごくいい子で，出された食事はペロッと食べ，いただきます，ごちそうさまが言える，本当にいい子でした。その後数日間はなかなか寝ないということ以外は，困ることもなかったようですが，引き取って1週間たった頃から，家中の引き出しを開け，物を出すことが始まりました。そして，ご飯を食べたと思ったら「何か食べたい」と言いだし，物を出している以外の時間は何か食べている過食が始まりました。里母は最初の1，2日は里父が帰ってくるまでに部屋をきれいに片付けていたのですが，ある日，里母から，「片付けていいものだろうか」と相談がありました。
　その頃のMちゃんは里父の前ではまだいい子を演じていました。でも里父にもMちゃんの状況を分かってもらったほうがいいと，ちらかっている部屋のままで里父の帰りを待ってみようということになりました。里父は講座で聞いた赤ちゃん返りはMちゃんには当てはまらないと思っていたよう

ですが，やっぱりMちゃんも！と気づいてくれたようです。すると今度は，里母だけに出していた赤ちゃん返りを里父に対しても出すようになりました。

まるでエイリアンのように大人の何人分も食べる過食と，食べるのに飽き，お茶やお菓子を床にまき散らかすのも，里母が「もうどうにでもなれ！」とMちゃんの要求に応じてくれたこと，里父のMちゃんへの理解もあって5日くらいでおさまりました。

その後に始まったのが，抱っこ，噛む，叩く，でした。何か気に入らない時に噛みついたり，叩いたり，里父におもちゃの包丁を持って向かって行ったり，外へ出るときにはいつも抱っこでした。でも，里父母とも，「これを受けてあげなければ」と思って，しっかりと引き受けてくれたおかげで徐々におさまっていったようです。

私が委託後の家庭訪問に行ったときは部屋の隅っこから「Mちゃんおいで，おいで」と里母が言うとMちゃんが走ってきて，里母に飛びつく。飛びついたら里母は「Mちゃん好き好き」と抱っこしながら言うという遊びが毎日何10回と続けられていて，里母は腰痛と腱鞘炎に悩まされていました。

（1999年2月20日・通算278号）

引き取って数日間のN君はほんとにいい子で，やりやすい子でした。しかし引き取りから10日ほどたった里母の電話は，とても疲れた声でした。気に入らないことがあると手当たり次第に物を投げつける。風呂に入っても洗ったりするのは嫌で1時間半も遊んでいる。ヨーグルトが好きで3個入りパックを買い与え，3個食べると次のパックを買いに行くが満足しない。いただきます，ごちそうさまを言わない。車が好きで昼間も何時間も車で近所を回っているのに，里父の帰宅後夜のドライブをしないと気が済まない……。N君の変化への戸惑いと疲れとで時折涙声になりながらの訴えでした。養親講座を受講し，引き取り当初の試し行動については十分に理解し，「引き受けてやらなくては……」と思ってはいても「体も気持ちもついてこない」という状態だったのではと思います。話を聴き，「とにかく引き受けてやるしかない。気がすむまで物を投げさせてやって。お風呂も付き合ってや

って。ヨーグルトは3個パックと言わず，何パックも買ってきてズラーと並べてやって。いただきますなんて言わなくてもいい。夜のドライブもしんどいだろうけど続けてやって」と言いつつ，「言うは易し，行うは難しやなぁ」と思っていました。子どもの立場に立てば，すべてに子どもなりの意味があり，それを引き受けてもらうことで親との信頼関係を築いていくのだと思うのです。

　　　（中略）

　その後，里母からはほぼ1週間おきに電話がかかりました。自分の思いやしんどさを話すことで，1週間の頑張りの素にしておられたのでしょうか。N君の試し行動は手を替え品を替え……という状態でしたが，変化も見られました。「ヨーグルト何パックも並べたら3個程食べて『もういらん』と言いました」（中略）と嬉しい報告や里母なりの工夫も聞かれるようになりました。（中略）里父は……「ここまでしても，叱ったらあかんのか。受け入れなあかんのか」と思う日もあったようですが，頑張り通してくれました。（中略）「試し行動は本人が満足すればきっと終わる」ということを里父母も実感として感じることができ，N君が色々と要求してきても心の底から「引き受けてやる」ことができるようになりました。

　　　　　　　　　　　　　（1999年3月20日発行・通算280号）


　こうしたすさまじい退行や試し行動を受け容れるためには，里親自身が退行や試し行動の意味や対処方法を知り，そのたいへんさを共有できるパートナーや社会的機関が必要である。本来的には児童相談所が社会的機関としてこうした機能を担うべきであるが，職員の業務上の都合や専門性の問題から十分に担いきれない状況にある。このような状況の中で，子どもを措置変更せざるを得ないことが問題となっている。

　施設，里親，養子縁組いずれにおいても子どもの状況に合わせて生い立ちを伝えることは幼少期から必要である。現在一緒に住んでいるわけをその子どもが理解できることばで語ることは，子どものアイデンティティの形成上重要なことである。『あたらしいふれあい』では以下のように述べられている。

K君は2歳4か月の時に，養親さんに引き受けられました。一緒に生活を始めて1年半，親子の間にこんな会話が繰り広げられました。
　友人の家に赤ちゃんが生まれ，お祝いに行った夜のこと。K君が「K君もお母さんのお腹から生まれたの？」と尋ねました。「違うよ」とお母さんが答えると，少し考えて「お父さんのお腹から？」と尋ねました。「違うよ」と答えると，今度はまた少し考えて……。
　K「お母さんの頭から生まれてきたんだね」
　母「違うよ。赤ちゃんはみんなお腹から生まれるんだよ」
　K「卵からと違うの？」
　母「違うよ。ヒトの赤ちゃんはお腹からだよ」
　K「(しばらく考えて) K君は誰のお腹から生まれてきたの？」
　母「K君はね……きれいでかわいいおねえちゃんのお腹から生まれたんだよ」
　K「せいこちゃん？(4歳のガールフレンドの名前)」
　母「違うよ。もっと大きい，あゆみお姉さん(NHKの歌のおねえさんの名前)のようなひとだとおもうよ」
　K「(またしばらく考えて) K君，お姉さんに会いたいよ」
　母「会いたいの？　でもね，お母さんK君を生んだお姉さんが今どこにいるのか知らないんだ」
　K「えーん。会いたいよー！」
　母「そっか。じゃあ，K君がもう少し大きくなったら捜してあげるね」
　K「うん」
　母「そして今は，お父さんとお母さんとおじいちゃんとおばあちゃんとみんなで一緒に暮らしているね。お母さんはK君がこのお家に来てくれて，とってもとっても嬉しいよ。お父さんもそうだよ」
　K「K君嬉しい！」
　母「K君，生まれてきてよかったね」
　K「うん！」
　　　　　(中略)
「真実告知としては，まだまだ不十分な会話でしたが，はじめの第一歩

……というくらいにはなったでしょうか？　今後Ｋの成長と疑問に応じて，またその都度思いを込めて話しはしてゆくつもりです」とありました。4歳にならないＫ君に「血のつながりのない親子であること」がどこまで理解できているのかわかりませんが，今一緒に暮らしているお父さんとお母さんが，自分のことを本当に愛してくれているということは十分に伝わっただろうと思います。今のＫ君には，その思いさえ伝われば十分でしょう。この先，年齢に応じてＫ君にはさまざまな疑問や質問が出てくるかもしれませんが，この養親さんならば，その時々に，しっかりと対応してくださるだろうと思います。

(1997年12月20日発行・通算264号)

　真実を伝える重要性を認識していても，実際に伝える時期やタイミング，伝え方には迷いが生じるものである。しかし子どもにきちっと向かい合い，不安定な思春期を迎える前に，楽しい雰囲気で良好な関係のときに，子どもが理解できるような言い方で，真実を伝えようという思いをもち，養親にとって子どもが必要な存在であったことや，一緒に暮らせたことへの嬉しさを伝えることは子どもの自尊感情を育み，自己受容に大きく貢献するといえる。また自らのルーツを知ることは，子どものアイデンティティ形成においても必要なことである。真実告知は事実告知とは異なり，子どもが引き離された状況に関する事実を正確に伝えることではない。真実告知とは子どもたちが「この親に選ばれて，望まれてこの人の子になった」と信じられるように伝えることが，子どもにとって重要であるといえる。

## 6　今後の課題

### (1) 養護児童のパーマネンシーの保障

　これまで一部の欧米・オセアニア先進諸国を中心に多くの研究者が養護児童の成長にとって，もっとも重要であり，かつ配慮すべき視点について検討してきた。そこで主張されたことは，子どもの成長にとって必要なのは，主たる養育者との一貫かつ継続した関係性であり，ケア過程において，その関係性を

保障するように配慮しなければならないということであった。この関係性は子どもの恒久的発達を保障すると捉えられ、これを「パーマネンシー（永続性）」と呼び、この関係性を保障するための援助計画をパーマネンシープランニングと呼んでいる。

　日本では、養護児童の生活の場は施設が主流であり、一部の欧米・オセアニア先進諸国では里親が主流である。また養護児童が家庭復帰の見込みがない場合、アメリカやイギリスではパーマネンシープランニングに基づき養子縁組が積極的に活用されてきたが、日本では施設生活が継続される場合が多い。施設生活をパーマネンシーの観点から見れば、施設職員の交代勤務や転勤は一般的であり、養育者が一貫していないので、子どもにとって望ましくない選択肢として捉えられている。里親も法律学的な観点から見れば、安定しておらず一時的ケアの場としている。すなわちアメリカやイギリスでは里親や施設といったフォスターケアは一時的ケア（テンポラリーケア）の場として捉えられている。パーマネンシープランニングは法律学的にも、心理学的にも継続して安定していることを求めている。したがって究極的には家庭復帰か養子縁組という選択肢を養護児童にとっての最良の選択肢としている。一方で、長期里親を重要な選択肢として積極的に活用している国もあり、その捉え方は国によって異なる。実親の捉え方や親権のあり方の相違がその背景にあると考えられる。

　現実にはこうした国々においても家庭復帰、里親委託、養子縁組のいずれも困難な子どもたちが存在する。すなわち高年齢になって措置されたり、何らかの障害や疾病を抱えている子どもたちである。そのため施設（小規模のグループホーム）への措置期間が長期化する子どもたちも存在するが、裁判所の介入により基本的に措置期間が有期限化されている。日本のように、施設入所が10年以上に及ぶということは想定しにくい。

### (2) 個別ケアの保障

　先に述べたように戦災孤児の対応策として戦後制度化された児童養護施設は、今日親がいても養育上の問題から入所を余儀なくされる子どもが多数を占めるようになってきた。その多くの子どもが親から虐待を受けており、精神的にも相当傷ついた状態で施設にやってくる。子どもたちにとって必要なことは、施

設でその傷ついた心が癒されることであり，それを可能にするための施設づくりを行うことである。

　しかしながら施設ではそれが困難な状況にある。全国児童養護施設協議会は入所児のうち被虐待児の割合が約3割を超えると「職員の負担が急に大きくなり」，約4割で「ぎりぎりしのいでいる感じ」となり，約5割を超えたあたりで「崩壊」が懸念されるとしている。被虐待児が6割を超える現状において，都市部では施設運営が破綻しかねない事態も報告されている。入所児間での暴力から子どもに安心かつ安全な環境を提供することが困難である。またそうした子どもに対処する職員による子どもへの暴力も懸念される。

　先に指摘したように，虐待を受けるなど養育環境が不安定な状況で育った子どもは，里親など安心できる養育環境に移された際，退行現象（赤ちゃん返り）を起こすといわれている。この退行現象には長期にわたって（6か月ぐらい）個別的対応が必要とされ，そうした対応がなされることにより，精神が安定し将来の自立が可能となる。

　ところが現状の児童養護施設では先に指摘したように，退行現象さえ起こさない子どもが多く，たとえ起こしたとしても現在の職員配置では継続的な個別対応が困難である。こうした観点から児童養護施設のあり方を検討することは，喫緊の課題であるといえよう。

　また児童の権利に関する条約の批准以降，大人の子どもへのかかわりのあり方について関心が高まってきたが，そうした観点から再検討する必要も出てきた。「子どものことを思って」ということで行われてきた職員の子どもへのかかわりが，実際には職員側の都合のみでなされ，子ども自らの選択や自己決定の機会を奪い，彼らの自己決定能力や自律性を阻害してきたという面も多少なりとも存在する。条約における子ども観に基づき，施設で生活している子どもの声を通して施設のあり方を問い直すことも必要である。子どもが自ら声をあげることができる環境や，子どもの声に耳を傾ける大人の姿勢が，今後施設において重要であるといえる。

## （3）社会的養護における虐待への対応

　近年の一時保護所，乳児院，児童養護施設，里親家庭，ファミリーホームな

どにおける虐待の顕在化は虐待の量的増加というより，顕在化させるシステムの整備に負うところが大きい。その顕在化により国レベルにおいて「児童福祉施設の設備及び運営に関する基準」および各通知により，懲戒権の濫用禁止などが明記された。2008（平成20）年には児童福祉法が改正され，被措置児童等虐待に関する定義・通告・対応等について規定された。この定義に基づくと，子ども間の暴力を職員等が放置することも，虐待に含まれることとなっている。

　権利擁護施策においては，人権侵害の事前予防と事後救済の双方の機能を包括する必要がある。子どもへの人権侵害は受動的権利侵害として捉えることができ，そうした実態に対し，早期に対応するために能動的権利が保障される必要がある。能動的権利保障については，これまでのパターナリズムに基づいた子ども観を，子どもの市民的自由権の観点から捉え直すことである。権利擁護の基本はセルフ・アドボカシーであり，子ども自身がエンパワーし，子ども自身が声をあげられる環境を整備することである。

# 9章　非行の捉え方

　近年マスコミで少年犯罪が頻繁に取り上げられる中で，非行少年に対する厳罰化を望む声が高まっている。一方で治療・保護・教育的かかわりを強調する保護主義的考え方でもって厳罰化に反対する声もある。非行をどう捉え，それに対していかにかかわるべきかということについては意見が分かれる。

　子どもは「小さな大人」ではなく独自な存在であり，子ども期が固有の時期であるという認識が近代社会において成立した。子どもは人格形成途上にあり，大人に比べ可塑性に富むという考え方に基づき，非行少年独自の対応過程が確立されてきた。またこれまで子どもの自由への権利よりむしろ，保護を受ける権利（受動的権利）が主張され，少年に成人と同一の手続き上の権利を認めることは少年の保護・教育の過程とはなじまず，有害であるとさえする保護処分優先主義が一般的であった。このような考え方の基盤には国親思想（パレンス・パトリエ思想）や，パターナリズムに基づいた考え方があり，法律に基づき保護や監督を受けることが，子どもの権利の実質的内容であった。

　一方で子どもの権利運動が浸透する中で，それまでの国親思想に象徴される保護主義はお節介主義ともいえ，子どもは大人と同様自立した権利行使の主体である，という主張も出てきた。国親思想に基づいて非行少年を審判し，保護的，福祉的に扱う対応は，逆に少年の権利を侵害するとする批判もあった。このように少年司法はこれまでパターナリズムと自律性（オートノミー）の尊重という対立概念の間を，振り子の如く揺れ動いてきた。

　子どもの受動的権利と能動的権利の双方の視点をもつことの重要性については指摘されてきた。子どもへの受動的権利はむしろ人権というレベルで捉えるべきであり，それが保障されたうえで能動的権利保障が成立する。非行と生育過程の因果関係についてはこれまで論証されてきた。生育過程において十分な受動的権利が保障されなかった子どもが非行を犯すことを社会的責任の範疇で捉え，彼らの育ち直しを支えることが社会として大切なことではないだろうか。こうした問題意識に基づき非行について考えてみたい。

## 1 非行の捉え方とその背景

### (1) 非行の捉え方

　19歳のとき連続4人を射殺して死刑となった永山則夫は，獄中で読んだ本からの抜き書きを引用して以下のような文章を記している（1990年）。
　「生まれつきの人殺しなどいやしない。殺人者はつくられるんですよ」「社会の側から差別され疎外された人間が反社会的行為に走るのは，法と秩序の枠組みにおさまろうとするより，むしろ自然であろう」
　永山の父親は賭博癖や酒癖が激しく，母親は行方不明となる。やがて父親も行方不明となり，一時飢えに直面する。青森県での中学時代は欠席が目立つ。中学卒業と同時に1965（昭和40）年集団就職列車に乗せられ上京する。転職を繰り返した後，犯罪を犯すこととなる。永山は「貧困と無知」が犯罪に追いやったと主張する。すなわち犯罪者は環境によって作り出されるということになろう。必ずしも環境的要因だけで人間は成長・発達するものではないが，非行を犯さざるを得なかった背景に環境が影響を与えていることは確かである。家庭環境に問題があり，家庭から引き離され，社会的養護の場において十分な育て直しがなされず，社会に放り出された子どもたちが犯す非行や犯罪は，子ども個人の責任として捉えることが妥当であろうか。
　全国の児童自立支援施設の入所児童の約60％が被虐待体験をもち，約35％が身体的虐待，約32％がネグレクト，約29％が心理的虐待，約5％が性的虐待を受けていたという調査結果がある。被虐待体験の精神的影響により，非行など行動障害に至るケースは多いといえよう。したがって非行少年への対応において被虐待体験を扱うことは不可欠である。しかしながら非行の背景に虐待問題が存在するからといって，虐待を受けた子どもが必ずしも非行に至るわけではない。子どもは，弱さや傷つきやすさ（バルネラビリティ）と同時に弾力（レジリエンシー），ストレングス，回復力ももち合わせている。後者の力を引き出してくれる出会いが保障されれば，虐待による傷も癒される可能性が高いといえる。
　被虐待体験は否定的感情や自己評価の低下をもたらす傾向がある。「存在価値のない自分」という思いが基底にあり，被虐待児の抱える不安感や無力感，

さらには虐待を受けることで溜まっていく怒りや攻撃性がどこへ向かうか，またそうした自己像をどう否認し，逃避するかによって非行形態が変化する。大きく分類すれば，不安や無力感，攻撃性が内に向かう場合と外に向かう場合がある。内に向かう場合は薬物乱用虞犯，女性の場合は刹那的な異性関係に至ることがあり，自傷行為を伴う場合もある。外に向かう場合は暴力的行為を伴うことがあり，とくに身体的虐待を受けた子どもは身体的暴力に対して生じた怒りの感情が形成され，また暴力を使ったかかわり方を取り込んでいることもあり，些細なことで他者に対し暴力という形で攻撃性を向けることがある。さらに暴力によって他者を支配することで，卑小な自己像を補償しようとする面もある。

このように非行は被虐待児の示す行動化の1つであるといえる。こうした少年はある意味社会の犠牲者であり，虐待を予防できなかった社会の責任も問われる必要がある。したがってこのような非行少年に対し厳罰を用いて対応することは逆効果であり，愛着関係を基盤とした受容的環境や，行動化に対する自覚を促す治療的環境を保障することが重要であろう。また被虐待体験による心的外傷と解離との関係についても言及され，解離状態で非行や犯罪を犯すことも考えられる。家族のプライバシー尊重と親の養育責任の重視は，地域関係の希薄化，家族規模の縮小化の中で，子育ての密室化を促してきた。親の責任を問うだけでなく，そうした状況を前提とした社会的取り組みが必要である。

## (2) イノセンスの受容

先の永山則夫による執筆内容は社会的には受け入れられない。決して差別され疎外された人間すべてが犯罪に及ぶわけではないし，疎外され差別されたからといって，犯罪が容認されるわけではない。こうした言動は社会的には受け入れられないし，犯罪者の勝手な言い訳として片付けられるであろう。しかしながら犯罪少年の人間としての回復を考えるならば，この勝手な言い訳を言い分として捉え，それへの丁寧な対応が極めて重要となってくる。この言い分は「被害者性」あるいは「イノセンス」の表出として捉えられ，その受容なくして自らの「加害者性」への自覚はあり得ないという考え方が基本にある。

自分のことばや価値観でもって自身を語り，聴いてもらえたという実感をも

つことは，自身の被害者性ともいえる「怒り」を伴う感情から，自己認識に向かっていく契機を提供してくれる。人は自らの体験とその思いを語り受けとめられることで，それらを客観視でき，自らの生き方を問い直すことができる。またそれを傾聴し，語りに丁寧に向き合うことは聴く者と子どもとの協働関係の形成を促し，課題の外在化とそれへの対応方法をともに対等な立場で考える可能性を高める。

　芹沢俊介（1995年）は「このままの形では現実を引き受けられない」「私には責任がない」という気持ちを表出し，肯定的に受けとめられれば，イノセンスは解体し，「自分には責任がない」から「自分には責任がある」というメッセージに，自分の手で書き換えること，転換することができると述べている。イノセンスの肯定を伴わない説得や命令を，暴力的な強制として芹沢は位置付けている。「社会の約束事を受け入れていくのは，おとなが教えるからではなく，子ども自身がイノセンスの解放を行う過程で，世界を引き受ける態勢が作られて行くからだ。だがおとなたちは逆に考える。禁止や強制が先で，それを受け入れた―内面化した後に子どもたちの自己解放が認められるのであること。……これは，おとなが子どもを教え，導く対象として見ていることから生じてくる錯覚である。おとなは同時にこのとき，子どもを見下してもいる。おとなが一方的に敷いたこの上下関係は権力関係であり，権力関係に立って教えられる（実は押しつけられる）社会の約束事は子どもが選びとったものではないゆえに暴力である。……おとなが成すべきは，子どもを教えの対象とみなすことでも，権力関係に立って子どもに上から教えをたれることでもない。子どもの欲望すなわちイノセンスの状態から自己を解き放ちたいという欲望を受け止め，肯定し，そのための機会を幾つも作ってやることだ」（芹沢,  1997年,  pp. 26-27）としている。

　非行少年や犯罪少年の多くは精神的剥奪状況にある。精神的剥奪状況とは，自己否定感による生活意欲の喪失状況を意味する。権利侵害を受けてきた者は将来に希望をもち，意欲的に生きることが困難であり，他者の人権の大切さを実感したり，他者に共感したりすることが困難である。すなわち自らの権利が侵害されてきた者は，命の尊さや人権の大切さを諭されても，それらの大切さを取り込む精神的レディネスが備わっていないといえる。また人権侵害行為に

より，無力化された状況にあることから，自らへの人権侵害に対しても当事者性をもって社会に訴えることが困難である。人権が適切に擁護され，権利が保障されていることを実感している子どもは，他者の人権や権利に関しても配慮できるものである。そうした実感が他者の人権への自覚を促し，自らの権利と他者の権利の折り合いを付けながら生きていくことの大切さを理解していくと考えられる。「大切にされている」「無条件に受容されている」という実感が，まず何よりも配慮される必要があるといえる。

### (3) 非行少年とは

　非行少年とは一般的には規範から逸脱した反社会的・非社会的な行為を行う少年を総称して呼ぶが，その捉え方は当該社会の価値観を反映するため，社会状況により変化してきた。非行少年に関する明確な規定はないが，一般的には少年法に規定されている家庭裁判所の審判に付すべき少年の規定が，非行少年の定義として用いられることが多い。すなわち少年法では少年を20歳未満とし，14歳以上の犯罪行為を行った少年（犯罪少年），14歳未満で刑罰法令に違反する行為を行った少年（触法少年），将来罪を犯す虞のある少年（虞犯少年）と規定されている。虞犯とは同条文で保護者の正当な監督に服しない性癖がある，家庭に寄りつかない，犯罪性のある人と交際している，いかがわしい場所へ出入りしているなどがあげられている。

## 2　非行の実態と対応

### (1) 実態——増加と凶悪化の検証

　マスコミを通して報道される少年事件に論及し，近年少年犯罪が多発しているということが論じられ，少年法を厳罰化する方向性で改正が進行してきた。しかしながら比較する時期により，増加・減少といった捉え方は変化する。
　たしかに刑法犯少年，触法少年，虞犯少年は1995，1996（平成7，8）年を境にして増加傾向にある。こうした近年の状況について「第四の波の到来」といわれる。すなわち1951（昭和26）年をピークとする第一の波，1964（昭和39）年をピークとする第二の波，1983（昭和58）年をピークとする第三の波に次ぐ

波であるという捉え方である。第一の波は社会・経済的混乱を背景とし，生活苦からの犯罪が多く，窃盗の占める割合が多かった。第二の波は高度経済成長を背景とし，交通犯罪が増加するとともに都市化，低年齢化や粗暴犯・性犯罪が増加した。第三の波は経済的安定の中での価値観の多様化や地域関係の希薄化などを背景とし，低年齢化や集団化が指摘された。第四の波についてはどう捉えることが妥当なのだろうか。

　また非行の増加傾向とともに凶悪化が指摘される。殺人の少年検挙人員は1990年代は100人前後で推移している。第一の波，第二の波のときにはそれぞれ448人，361人であったが，第三の波以来100人前後で今日に至っている。一方強盗罪については1980年代には500人から800人台で増減を繰り返していたが，1990年代に入り増加傾向が見られる。1996年には1970年以来初めて1000人台まで増加し，1999年には1644人となっている。なお第一の波のときには3878人，第二の波のときには1987人，第三の波のときには788人であり第三の波のときより増加しているが，戦後から長期的に見るとまた見方は異なる。

## (2) 社会的対応と課題

　検察官や児童相談所から家庭裁判所に送致された少年は，家庭裁判所の観護措置により少年鑑別所に送致される。また児童福祉行政の中心機関である児童相談所では主に14歳未満の少年に対応しているが，14歳以上でも保護者や警察が家庭裁判所送致より児童福祉法措置が適当であると認めた場合や，家庭裁判所の調査の結果，児童相談所長に送致する場合や，保護処分として児童自立支援施設や児童養護施設への送致となった場合には，児童相談所が対応することとなる。一方少年犯罪の凶悪化や低年齢化に対応するため，少年院送致の年齢下限が14歳以上から「おおむね12歳以上」に引き下げられた。

　少年鑑別所は少年の身柄拘束と心身の鑑別を行う機関であり，捜査段階での勾留に代わる観護措置や勾留場所として利用されることがある。非行の種類別では殺人，強姦，薬物事犯，虞犯が高い送致率を示している一方で，非行総数では多い窃盗が低率となっている。観護措置期間は原則2週間で3回の延長が認められ，最大8週間までとなっている。普段の集団生活の中で行動観察や心

理検査等を行い，鑑別結果を家庭裁判所に通知し，これが審判の重要な資料として活用される。

　観護措置の結果十分反省しているということで審判不開始となるほか，家庭裁判所での審判内容は不処分が多くを占める。不処分は結果的には親や学校などによる指導により再非行の可能性が低いと判断された場合などである。それ以外は少年法に基づいた保護処分が決定される。保護処分は，①保護観察所の保護観察に付すること，②児童自立支援施設や児童養護施設に送致すること，③少年院に送致することと規定されている。

　保護観察は犯罪者予防法において，少年法に基づく保護処分（1号観察）と，保護処分で少年院送致となり仮退院したものの処分（2号観察）とがある。全国50か所ある保護観察所の保護観察官と保護司が対応する。

　福祉施設である児童自立支援施設は全国に57か所あり，その内2か所ずつが国立と民間，残り53か所は公立施設である。1997（平成9）年の児童福祉法改正により教護院から改称され，非行少年のみならず環境の理由により生活指導が必要な子どもたちも入所対象となったが，定員充足率が5割を割っている状況である。家庭的雰囲気を重視しすべての施設が小舎制（敷地内に複数の家屋が建てられ，そこに10人以下程度の子どもと職員が生活する形態）であり，夫婦制をとっている施設が約半数を占める。法務省が管轄する少年院は児童自立支援施設に比較して閉鎖的であり，矯正や訓練的色彩が強い。2007（平成19）年には14歳未満であっても少年院への入院が可能となった。

　近年非行少年への厳罰化が主張される一方で，新たな取り組みとして欧米での実践が紹介され，日本における可能性を模索する動きが見られる。それらの例として「**修復的司法**」や「**少年陪審制度**」があげられる。単に罰したり，矯

---

**修復的司法**　　ある特定の犯罪に何らかの関係をもつ当事者すべてが一堂に会し，その当該犯罪の事後をどう扱うか，またその未来に向けた犯罪者・被害者のケアについてともに考える手続きである。具体的には少年非行の被害者とその家族や知人，加害者とその関係者が気持ちを相互に伝え合い，加害者の償いのあり方についてともに考える。ニュージーランドの先住民マオリ族の行っていた手法を取り入れた実践であるといわれ，一部の欧米・オセアニアではファミリーグループ・カンファレンスと呼ばれている。

**少年陪審制度**　　検察官，弁護人，陪審員など裁判官以外の法廷における役割を10代の少年たちが担う裁判。アメリカのいくつかの州で導入されており，再犯罪率や犯罪増加率の減少をもたらしている。

正・訓練により更生するという考え方ではなく,被害者,加害者双方の心理的側面を十分に配慮した取り組みが重要であり,こうした新たな取り組みを日本においても考えていく必要があろう。

**参考文献**

芹沢俊介『子ども問題』春秋社,1995年。
芹沢俊介『現代〈子ども〉暴力論』春秋社,1997年。
永山則夫『無知の涙〔増補版〕』河出書房新社,1990年。

# 10章　単親（ひとり親）家族の現状とその支援のあり方

　両親と子どものいる世帯を一般家族としてイメージする傾向にある社会においては，そうした家族にもっとも適合した社会を形成する傾向にある。そして地域社会では少数派に属するひとり親家族は，偏見から生じる差別感というものに悩まされ，孤立感を感じることが多い。そこでは改めてわれわれのもつ家族イメージを問い直し，意識的に家族形態の多様化に目を向ける必要がある。決してすべてのひとり親家族が社会的援助の対象になるのではなく，ひとり親家族が両親のいる家族に比較して日常生活上問題を生じやすく，とくに子どもが幼少期にあるひとり親家族はその傾向が顕著である。こうした意味において，社会的援助を要する場合が多いということである。ある意味，ひとり親家族は養育者が1人であるという点で，社会的脆弱性（Vulnerability）が高いといえる。

　かつて母子家族や父子家族は欠損家族あるいは片親家族と呼ばれ，それらの家族に対してスティグマがもたらされていた。今日では家族形態も多様化し，かつてそう呼ばれていた母子家族や父子家族は，決して欠損家族ではなく家族の一形態であるとの認識により，欧米において使われている「ワンペアレント・ファミリー」「シングルペアレント・ファミリー」「ローン（lone）ペアレント・ファミリー」を直訳して，「ひとり親家族」あるいは「単親家族」と表現されるようになってきた。本章においてもこの表現に従い，今日の父子家族や母子家族の状況とその支援のあり方について論じる。

## 1　母子家族の現状とその支援のあり方

### (1)「母子世帯」の定義

　母子家族に関する各種調査対象は「母子世帯」となっている場合が多い。しかし母子世帯の捉え方は各種の調査対象等によって以下に示す通り多様である。

イ）厚生労働省子ども家庭局家庭福祉課『全国ひとり親世代等調査（旧：全国母子世帯調査）』……父のいない児童（満20歳未満の子どもであって，未婚のもの）がその母によって養育されている世帯

ロ）厚生労働省政策統括付参事官付世帯統計室『国民生活基礎調査』……死別・離別・その他の理由（未婚の場合を含む。）で，現に配偶者のいない65歳未満の女（配偶者が長期間生死不明の場合を含む。）と20歳未満のその子（養子を含む。）のみで構成している世帯

ハ）総務省統計局『国勢調査』……未婚，死別又は離別の女親と，その未婚の20歳未満の子供のみから成る一般世帯

ニ）厚生労働省社会援護局保護課「被保護調査」死別，離別，生死不明及び未婚等により，現に配偶者がいない65歳未満の女子と18歳未満のその子（養子を含む。）のみで構成されている世帯

ホ）総務省統計局『就業構造基本調査』……配偶者なしの母親と18歳未満の子供から成る世帯

このように子どもや母親の年齢，祖父母といった母子以外の同居人の有無などの規定方法により，母子世帯の捉え方はさまざまである。「世帯」は同一の生計および住居を条件としており，したがって母子世帯調査という場合，子どもがひとり暮らしをしている場合や，子どもが施設入所している場合は含まれていない。つまり厳密な意味では「母子世帯」と「母子家族」は異なる。しかしながらここでは母子家族と母子世帯は原則として同義として扱う。

## （2）母子家族の状況

母子家族となった理由は生別が死別より圧倒的に多く，その傾向が強まっている。戦後間もない頃の母子家族は，戦争未亡人を中心とする死別母子家族が大半であったが，1978年の『全国母子世帯等調査』で死別と生別が逆転し，その後生別が増加し続けている。また2011年には未婚が死別を上回った。生活上困っていることとしては，家計がもっとも多い。

多くの母親は就労しており，就労している者の中で，常用雇用者が約40％である。世帯の平均年収は一般世帯の約45％となっている。

生別母子家族の別れた父親からの養育費の受け取り状況は「現在も受けている」とする家族は約20％にすぎない。養育費を受け取った事実あるいは約束があったにもかかわらず，現在は受け取れる状態にない者が多い。

### (3) 施策の概要

第二次世界大戦後，戦争で父や夫を失い母子家族となる家族が多くあり，母子家族の生活は困窮状態にあった。戦争によって犠牲となったこうした母子家族の援護を主とし，資金の貸し付けを柱にした「母子福祉資金の貸付等に関する法律」が1952（昭和27）年に制定された。

その後母子家族の大部分を占めていた戦争犠牲者としての母子家族に代わり，病死，事故死，離婚等の理由による母子家族が増加してきた。こうした動向の中で一般母子家族を対象とした施策として「母子福祉法」が1964年に制定された。しかしその成立においては，母子福祉の理念の明確化が不十分であったため，その前身である「母子福祉資金の貸付等に関する法律」の手直しにすぎないという批判さえあった。1981（昭和56）年には母子家族の子どもが成人した後も，引き続き母親の生活を保障する必要性から母子福祉法は「母子及び寡婦福祉法」と改められ，これによって寡婦についても母子家族に準じた福祉の措置が講じられてきた。2014（平成26）年には「母子及び父子並びに寡婦福祉法」に改正された。

#### ①経済的支援

1959（昭和34）年国民年金法が制定され，死別母子家族に対して母子年金，またこれを受給できない世帯には無拠出制の母子福祉年金が規定された。その後1986（昭和61）年の年金法の改正により母子年金，母子福祉年金は遺族基礎年金に改正された。遺族基礎年金に年金の種類に応じて遺族厚生年金や遺族共済年金などを加えて支給されている。

一方，18歳未満（障害児の場合は20歳未満）の子どもを養育している主としてひとり親家族に対しては「児童扶養手当法」に基づき児童扶養手当が支給されている。この手当の支給要件は次のいずれかに該当する児童を監護している父または母，もしくは，父または母に代わって　その児童を養育している者に支給される。①父母が離婚した児童，②父または母が死亡した児童，③父また

は母が（政令で定める以上の）障害の状態にある児童，④父または母から1年以上遺棄されている児童，⑤父または母が法令により引き続き1年以上拘禁されている児童，⑥父または母が裁判所からのDV保護命令を受けた児童，⑦父または母の生死が3か月以上明らかでない児童，⑧婚姻（事実婚を含む）によらないで生まれた児童，⑨棄児などで，母が児童を懐胎した当時の事情が不明である児童である。2010（平成22）年8月からは一定の父子家庭も支給の対象となった。

また母子家族・父子家族および寡婦の経済的自立を図る制度として，母子父子寡婦福祉資金の貸付制度がある。

さらに先に述べたように，離婚後配偶者から養育費を継続して受け取ることが困難な状況に鑑みて，母子家庭等就業・自立支援センターに「養育費相談支援センター」が設置され，養育費専門相談員が相談に応じている。

②その他の施策

母子及び父子並びに寡婦福祉法に基づき母子・父子自立支援員が福祉事務所に配置され相談に応じている。また修学や疾病などにより家事援助，保育等のサービスが必要となった際に，家庭生活支援員の派遣等を行うひとり親家庭等日常生活支援事業も行われている。さらに放課後児童クラブ等の終了後に，ひとり親家庭の子どもについて相談に応じ，基本的生活習慣の習得，学習支援，食事の提供等を行う「子どもの生活・学習支援事業」が実施されている市町村もある。

母子福祉関係施設には，児童福祉法に基づく母子生活支援施設，母子及び父子並びに寡婦福祉法に基づく母子福祉センターと母子福祉休養ホームがある。かつての母子寮は1997（平成9）年の児童福祉法改正により，母子生活支援施設と改称された。また母子生活支援施設は2001（平成13）年4月に助産施設とともに措置制度が廃止され，選択利用方式に転換されたが，利用手続き窓口はそれまで通り居住地を管轄する福祉事務所である。母子生活支援施設は単に母子家族に住居を提供し，これらの者を保護するだけでなく，母子家族の自立に向けてその生活を支援していくことが求められている。母子福祉センターは，母子家族に対し，各種の相談に応じ，生活指導や生業の指導を行う施設である。母子休養ホームは母子家族に対し，レクリエーションその他休養等のための便

宜を供与する施設である。入所機能をもった既存の児童福祉施設が提供している支援策として，夫の暴力により緊急一時的に保護を必要とする母子や，一時的に子どもの養育が困難となった家族に対し原則として7日を限度として一時的に養育・保護を行うショートステイ事業や，親の帰宅が継続的に夜間にわたるため，子どもが通所して生活指導や夕食の提供を受けるトワイライトステイ事業があり，これらは現在，子育て短期支援事業として児童福祉法に規定されている。実施主体は市町村であり，一部の市町村で導入されている。

　さらに就労支援として母子家庭等就業・自立支援センター事業において，就業相談，職業紹介，職業訓練等が行われている。母子・父子自立支援プログラム策定事業では，個々のひとり親家庭の状況に応じた自立支援プログラムを策定・実施し，アフターケアを行っている。就労支援の一環としての給付金制度もあり，自立支援教育訓練給付金事業，高等職業訓練促進給付金等事業などがある。

### (4) 今後の課題

　死別母子家族に支給される遺族年金に比較して，児童扶養手当は半額かそれ以下である。つまり夫と死別した母と子に比べ，そうでない母と子にはその半分以下しか経済的に保障されない。別れた配偶者から養育費を受け取ることが困難な者も多く，経済的問題が深刻化している。

　母子生活支援施設の課題として単に母子に住機能を提供するだけでなく，母親の自立に向けた支援や，生活支援機能の充実があげられる。しかしながら現実には住機能以外の専門的機能が，個々のニーズに基づいて十分に提供されているとはいえない。建物の老朽化も著しく，居室面積が狭く，風呂やトイレが個々の居室に完備されていない施設も存在する。入所者の中にも，就労場所から近い所に手頃な家賃で入居できる住宅があれば，そこへ転居したいと感じている者もいる。このような状況の中で母子生活支援施設では，入所者の減少が他の児童福祉施設に比較して早い時期から問題となっていた。また施設数の減少も著しく，ピーク時の1960年代に約650か所あった施設は現在ではその半数以下となっている。そのため施設の将来展望に関する取り組みは比較的早かったが，その状況は大きくは改善されてこなかった。近年においても今後のそ

のあり方に関する報告書がいくつか出されているが、これら報告書においては、いずれも今後の母子生活支援施設がもつべき機能としてほぼ共通した見解が示されている。これまでに母子生活支援施設の基本機能として相談・援助、就労支援、保育支援、健全育成支援など、拡大機能として女性の自己実現への支援、一時保護など、危機対応として緊急一時保護機能などがあげられてきた。また父子家族への支援や、あらゆる家族を視野に入れた子育て支援機能のあり方についても論じられている。居住環境を一般世帯以上に整備したとしても、住機能の提供だけでは施設の社会的存在意義は強調できない。母子生活支援施設の今後のあり方については、その施設本来の専門的機能の充実と同時に、一時保護機能や父子家族への支援、一般の家族も視野に入れた地域子育て支援センターとしての機能が求められているといえる。さらに妊産婦の入所も求められている。

　母子及び父子並びに寡婦福祉法における就労支援施策は、雇用促進に配慮しているが、新聞・雑誌・たばこ等の物品販売業といった、現在となっては陳腐な事業の開始に関する規定も残っている。本法律が、戦争犠牲者としての母子家族に対する援護を柱に整備されてきた歴史を考えると、過去にはこの施策は妥当なものであった。母子家族の母が雇用される機会がほとんどなかった頃には、たばこ販売等売店の設置の優先施策や事業の開始などへの資金の貸し付けは有効なものであった。現在でも、新たな意味での起業意志のある母に対しては有効に機能する場合もあり得るが、それを利用しようとする者は少数であろう。

## ❷　父子家族の現状とその支援のあり方

### (1) 父子家族の現状と施策の概要

　父子家族は漸増傾向にあるが、その多くは3世代同居など父と子以外の者との同居家族である。父子家族となった理由は母子家族同様に生別が多い。近年の調査において、相談相手のいない孤立化した父子家族が多いことが明らかにされている。都市部で生活する父親と就学前の子どものみから構成される父子家族は、児童養護施設における父子家族率が高いことからも理解できるように、

養育面でとりわけ社会的支援を必要としている。父子家族の平均年収は母子家族に比較して高いものの，一般世帯に比較するとかなり低い状況にある。父子家族であるがゆえに不安定な生活状況や就労状況，不経済な食事状況に陥る傾向にあり，経済的基盤の脆弱さは父子家族においても存在する。

父子家族に対しては介護人派遣事業や，子育て短期支援事業（ショートステイ事業，トワイライトステイ事業）といった生活上の支援が母子家族と同様になされている。また1996（平成8）年度からひとり親家族等の子どもが気軽に相談できる大学生等を家族に派遣して，子どもの支援を行う児童訪問援助事業（ホームフレンド事業）が一部の自治体で開始されている。父子家族課題の顕在化により徐々に社会サービスの必要性は認知されてきたが，母子家族に比べ社会的支援体制は不十分であるといえる。

### (2) ひとり親家族とジェンダー

一般的には，母子家族は経済的な問題，父子家族は家事や育児に困る場合が多い。性別役割分業を前提として生活する夫婦がひとり親家族になったときに，その家族の脆弱性が顕在化することになる。すなわちひとり親家族が直面する生活問題の根元は，現在家族が一般的に受容してきた強固な性別役割分業であるといえる。「経済力のある」夫と「家事・育児を担う」妻の存在によって成り立つ傾向にある現代家族は，ある意味で砂上の楼閣にすぎない。ひとり親家族が遭遇する問題は，性別役割分業の問題点を照射する反射鏡であるといわれている。

ここでは父子家族の生きづらさについて，ジェンダーの視点から考えてみたい。「男は仕事に専念し，家事や子育ては女の領分」とする性別役割分業を支配的構造とする社会では，女性（妻）に去られ，女性の領分とされる家事や子育てを引き受けて生きる父子家族男性たち（とりわけ離別父子家族男性たち）は，まさしくこの社会の支配構造からはみ出した存在である。仕事と家事や子育てを両立する困難さのみならず，男性の常識によってつくられている職場，離別した男性に向けられる侮蔑的まなざしによる地域，職場での生きづらさについて，春日キスヨは『父子家庭を生きる』（1989年）の中で述べている。春日はそこで福祉行政職員や父親の言動を通して，伝統的性別役割意識がいかに父子

家族の生きづらさを創り出しているかを明らかにしている。性役割意識は女性に家事や子育てを強制すると同時に、男性を家事や子育てから引き離す方向で作用する。父親だけでは子育ては無理であるといった考え方が、父子を分離させ、育児権を父親から奪うこともある。以下に『父子家庭を生きる』の中から父親や福祉行政職員の言動を引用して、こうした状況の問題性について論じる。

　Gさん「自分で育てようと思うから、どうにかならんじゃろかと相談に行くのに、頭から男じゃ無理と決めつけて話を進めるんじゃか。もうあんなところに相談には行かんと思うた」(p.26)

　父親の親としての能力を無力化するものに母性神話がある。母性という形で女性の親能力を神聖化し、賛美する考え方は、逆に男性の親能力を否定する考え方につながっているといえる。

　職員「母子の場合は、乳幼児をかかえて超過勤務ができないということで生活に困って事務所に相談に行かれると、足りない分を生活保護で補うということがあります。母子の場合は、『夜働いたら子どもがかわいそう。じゃあ、2、3時間保護しよう』という方向で動きやすい面があるんです。しかし、同じような場合でも、父子世帯ではそうはなりません。たいていの場合、『子どもを施設に預けて頑張れ』と言われます。『残業があるから、2、3時間保護しよう』などとは、まずなりません」(p.24)。

　一般的に、父子家族は経済的には問題がないと思われているが、必ずしもそうではない。確かに、男性のほうが職が安定し、賃金も高いが、それはあくまで、働きバチのように働くからであり、それを支える女性の存在を前提としている。

　Cさん「……みんなに知ってもらいたいんよ。確かに女性はパートで働いて、10万円くらいの収入しかない。これは認めます。しかし、女性が働くのは午前9時頃から夕方4時、5時ぐらいまでの7、8時間です。男性でも女性

と同じくらいしか働かんかったら，なんぼ男じゃいうても，12，3万くらいがええところで，母子と金額的には変わらんのです。じゃが，男の場合は，いままでの仕事があります。そこで，今まで通り勤め続けよう思うたら，父子になったからパートに切り換えて言うても，パートで雇ってくれるところなんかないんです。だけど，子ども大事と思うなら，いままでの仕事をやめるしかない。そうすると食っていけん。じゃあ，やめんで仕事続けると，朝8時から夕方6時，7時。男の職業で残業ない職場は少ないから，8時くらいまで残業するのはざらです。そいだけ働いて，男の給料は20万円以上もらえるようになっとるんです。そいで，仕事をする間，子どもを人に預けるようになります。

　その預け賃を差し引くと，やっぱり母子と同じくらいしか，子どもが小さい間はならんのです。男の仕事は残業，出張，出向，そんなんして女の収入より多いようになっとるんです。それを一切せんで，子どもの生活に合わせようとすると，女なみの収入しか，男ももらえんのです。だから，父子の場合，どうしても子どもを犠牲にして働かざるをえんのです」(pp.31-32)。

　男性が否定的感情を表出したり，弱音を吐くことを望ましくないとする男性観をもつ者は社会に多い。また家事や子育てから切り離されている男性を取り巻く環境には，家事や子育てにかかわる問題を受けいれるだけの下地ができあがっていない。そのため職場で子育てや家事の悩みを共有してくれる上司や，同僚を見出すことは難しく，父親は生活上の問題を抱え込み，気軽に他人に相談したり，援助を求めたりしない傾向にある。

　これまで述べてきたジェンダー意識が，ひとり親家族の生きづらさを助長しているといえる。

### 参考文献
春日キスヨ『父子家庭を生きる』勁草書房，1989年。

# 11章 乳幼児期・学童期における生活状況とその社会的保障

　核家族化，共働き家庭の増加，地域関係の希薄化，少子化といった家庭や社会状況の変化により，子育てのあり方も変化してきた。家庭での子育ての限界が明らかになり，子育てにおける社会的支援は今日の社会では必要不可欠なものとなった。そうした子育て支援の中でも乳幼児期や，学童期の子どもとその家族を支える保育所や認定こども園といわゆる学童保育は中核的拠点である。ここでは保育所・認定こども園と学童保育を取り上げ，その現状と課題について論じる。

## 1 保育所・認定こども園

### (1) 保育施策の動向
　就学前の子どもを対象とした施設には，幼稚園，保育所，認定こども園がある。幼稚園は学校教育法に基づき，就学前教育を行うことを目的とする施設であり，保育所は児童福祉法に基づき保育を必要とする乳幼児を保育することを目的とする児童福祉施設である。家族状況の違いにおいて，子どもを二分化することの問題が指摘され，近年これら施設の接近が見られる。2006（平成18）年10月には，保育機能，教育機能，地域子育て支援機能を必須の事業とした認定こども園が導入された。認定子ども園には以下の4つのタイプがある。

1. 幼保連携型
　幼稚園的機能と保育所的機能の両方の機能をあわせ持つ単一の施設として，認定こども園としての機能を果たすタイプ

2. 幼稚園型
　認可幼稚園が，保育が必要な子どものための保育時間を確保するなど，保育所的な機能を備えて認定こども園としての機能を果たすタイプ

3. 保育所型
　認可保育所が，保育が必要な子ども以外の子どもも受け入れるなど，幼稚園

的な機能を備えることで認定こども園としての機能を果たすタイプ
4. 地方裁量型

　幼稚園・保育所いずれの認可もない地域の教育・保育施設が，認定こども園として必要な機能を果たすタイプ

　幼保連携型認定こども園は児童福祉法に基づく児童福祉施設である。また社会福祉法に基づく第2種社会福祉事業であり，学校教育と保育を担う保育教諭（保育士資格と幼稚園教諭の免許状を併有）が配置される。

　また2012（平成24）年に施行された「子ども・子育て支援法」では「教育・保育施設」として，幼稚園，認定こども園，保育所が規定されている。保育制度のあり方に関して検討がなされ「市町村を基礎自治体とした一元的システムとし，できる限り一元化された財源として支援交付金を用意する」という考え方に基づき制度利用の改正がなされた。

　2008（平成20）年の児童福祉法改正では，これまで「家庭福祉員」「保育ママ」などといわれてきた家庭型保育を「家庭的保育事業」とし，「地域子育て支援拠点事業」「一時預かり事業」とともに児童福祉法に位置付けた。「地域子育て支援拠点事業」は，①子育て親子の交流の場の提供と交流の促進，②子育て等に関する相談・援助の実施，③地域の子育て関連情報の提供，④子育ておよび子育て支援に関する講習等の実施を必須事業とし，地域子育て支援センター事業，つどいの広場事業，児童館事業の一部を一体化した事業である。

## (2) 保育所

　児童福祉法第39条第1項に保育所の目的は「保育を必要とする乳児・幼児を日々保護者の下から通わせて保育を行うこと」と規定されている。「保育を必要とする」ことが保育所への入所要件であり，児童福祉法第24条第1項で市町村の保育所における保育義務について規定されている。

　子ども子育て支援法に規定されている子どものための教育・保育給付は，次の①から③に掲げる小学校就学前子どもの保護者に対し給付される。

　①満三歳以上の小学校就学前子どもであって保育を必要としない（1号認定＝幼稚園の利用），②満三歳以上の小学校就学前子どもであって保育を必要とする（2号認定＝保育所，認定こども園の利用），③満三歳未満の小学校就学前子ど

もであって保育を必要とする（3号認定＝保育所，認定こども園，家庭的保育事業，小規模保育事業等の利用）であり，2号，3号に認定された者は保育所を利用できる。

　保育を必要とする状況については子ども・子育て支援法施行規則において以下のように規定されている。保育の実施は児童の保護者のいずれもが以下の項目に該当することにより，当該児童を保育することができないと認められる場合であって，かつ同居の親族その他の者が当該児童を保育することができないと認められる場合に行うものとする。①一定時間以上労働することを常態としていること，②妊娠中であるかまたは出産後間がないこと，③疾病にかかわり，もしくは負傷し，または精神もしくは身体に障害を有していること，④同居の親族を常時介護していること，⑤震災，風水害，火災その他の災害復旧に当たっていること，⑥求職活動，⑦就学，⑧虐待，⑨DV，⑩育児休業中等の状況，⑪その他，上記に類する状態として市町村が認める場合にあることとされている。しかしながら実際には保育所入所業務が，機関委任事務から団体委任事務に移行した1988（昭和63）年度から，各市町村が条例で入所要件を規定できるようになった。またこれまで検討されてきた子育ての新システムに基づき，市町村が客観的基準に基づき，保育の必要性を認定することとなった。

　保育所は社会福祉法において第二種社会福祉事業に位置付けられており，その設置主体に関しては，企業や学校法人などの社会福祉法人以外の民間主体の参入が可能である。

　認可保育所には厚生労働省令である児童福祉施設の設備及び運営の基準に規定されている保育所の職員配置や，設備基準が適用される。ただし各自治体は国基準に従い，各条例においてこれらについて自治体独自に規定できる。したがって国基準を厳格化運用している自治体も存在する。保育士の数は，乳児3人につき1人以上，1歳以上3歳未満の幼児6人につき1人以上，3歳以上4歳未満の幼児20人につき1人以上，4歳以上の幼児30人につき1人以上と規定されている。

### (3) 多様な保育サービスの必要性と認可外保育所の活用

　1998（平成10）年4月改正児童福祉法が施行された。それに伴い保育所の利

用システムが改められた。それまで保育所入所は，市町村の保育実施責任に基づき，市町村による措置という形でなされてきた。しかしながら，保育所の利用者がその設置当時に比較して大きく変化し，経済的理由で共働きを余儀なくされた低所得者世帯の割合が大きく減少する中で，保育所は共働き世帯の一般化を支えるうえで重要な役割を果たすようになった。このように保育所が普遍的な福祉政策としての比重を高める中で，利用者がより主体的に保育所を利用できる制度にするために，措置制度は廃止された。「保育の措置」ということばは「保育の実施」に改められ，市町村に保育実施責任に基づき，市町村や保育所が提供する情報に基づき，利用者が保育所を選択して市町村に申し込むという形になった。

今日保育所に対するニーズは多様化してきている。養育者の多様な就労形態に適応した多様な保育サービスが必要となってきたが，乳児保育，一時預かり，延長保育等が認可保育所において十分に提供されてきたとはいえない。また都市部を中心に子どもの受け入れ体制が不十分である。とくに2歳以下の保育所入所待機率が高い。

保育所の運営状況はさまざまである。とくに認可外保育所のそれは多様である。自治体から助成を受けている認可外保育所と，そうでない認可外保育所，さらに前者の認可外保育所は自治体独自で行われている東京都の認証保育所のような認可外保育所，家庭内保育所などがあり，これらは認可保育所の待機児童対策として活用される傾向にある。また，同じ保育所として運営されながらも，認可保育所と認可外保育所の財政的支援状況は大きく異なる。

これまで認可外保育所では死亡事故がたび重なり，2001（平成13）年の児童福祉法改正により現に認可外保育所を設置している者および新たに設置した者は，事業開始日から1か月以内に都道府県知事に届け出なければならないことが規定された。また認可外保育施設および都道府県には住民や市町村に対して情報提供が義務付けられた。さらに都道府県知事は，認可外保育施設設置者に対して，報告徴収，立ち入り調査，事業停止命令および施設閉鎖命令に加えて，改善勧告ができることとされた。

多くの家事専業親の保育ニーズに対応している地域子育て支援センターや，一時預かりの実施状況は近年急増している。税の公平な分配という意味におい

ても，こうした親への対応は重要である。また延長保育に関しても近年増加しているが，午後10時まで預かる夜間保育に関してはほとんど増加していない。休日保育に関してもわずかな実施率であり，休日出勤や夜までの勤務が多いサービス業に勤める親たちにとっては，認可保育所は選択外であり，認可外保育所を選択せざるを得ない。

　一部の認可保育所の関係者から，親の利便性だけを追求した多様な保育サービスのあり方に疑問の声がある。しかしながらそうした意識が，認可保育サービスの多様化を遅らせ，劣悪な労働状況での勤務を強いられる親とその子どもに社会的対応の不十分さをもたらすこととなる。本来的に社会的支援を要する層の社会的対応の遅滞を促すことにもなる。改めて現実に目を向け，認可保育所の社会的使命を問い直す必要があるのではないだろうか。

### (4) 保育料と運営費

　保育所において，基準を維持するために要する費用はそれを設置した都道府県または市町村が全額支弁する（とりまとめること）ことと規定されている。その際，保育費用を支弁した都道府県または市町村の長は，親の年収や子どもの年齢等に応じて定める額を徴収することができると規定されている。

　こうした規定に基づき，保育に要する費用は国，都道府県，市町村（指定都市は国と市）が負担することとなっている。ただし国と自治体が負担するのは，たとえば月額でいえば，年齢，地域，保育所の規模別に国が定めた「保育単価（子ども1人当たりの保育に必要な費用の月額単価）」と保護者から徴収する「保育料」との差額である。現在，親が負担する保育料は，国が定めた保育所徴収金基準額表に基づき各市町村が独自に定めており，保護者からの徴収金を軽減している自治体も多い。すなわち市町村の支弁額（負担額）により，保育料が市町村により異なり，国の徴収基準に基づく額との差は，市町村が肩代わりしているのである。また自治体によっては，保育士の配置基準を国基準より手厚くしたり，送迎バスの設置などを行い，さまざまな形で市町村の一般財源の繰り入れをしているところが多い。

　なお，幼児教育・保育の無償化について検討され，2020年度から本格実施が予定されている。

## 2 学童期の放課後生活保障

　保育所で生活していた子どもたちが小学校に入学すると，保育所終了時間より早い時間に帰宅することとなる。しかしながら，小学校の低学年の子どもが，一人で放課後過ごすことは安全面・発達面から問題がある。以前なら地域の中に縦関係を基盤にした子ども集団があり，それらを見守る大人が存在していたが，地域関係の希薄化や少子化などにより，そうした養育機能が地域の中から失われてきた。その結果，親は就労を制限されたり，退職せざるを得ない状況に陥ることとなる。こうした状況を踏まえ，小学校低学年の子どもたちの放課後や，学校休業日の生活保障を通して，親の働く権利と家族生活の保障を目的に設置されたサービスが，放課後児童健全育成事業（通称「学童保育」）である。

　2007（平成19年）度より「放課後子どもプラン」に基づき，文部科学省の「放課後子ども教室推進事業」と厚生労働省の「放課後児童健全育成事業」を一体的あるいは連携して実施することとなった。具体的には，放課後や週末等の子どもたちの適切な遊びや生活の場を確保したり，小学校の余裕教室などを活用して，地域住民の参画を得ながら，学習やスポーツ・文化活動，地域住民との交流活動などの取り組みが実施されている。

　また，障害のある就学児童（小・中・高校生）が，放課後や長期休暇中に児童発達支援センターや地域の施設などで，生活能力の向上のための訓練や社会との交流の促進などを行う取り組みとして，放課後等デイサービスがある。

### (1) 放課後児童健全育成事業

　1997（平成9）年の児童福祉法改正により放課後児童健全育成事業は，児童福祉法と社会福祉法に規定された。現在，その対象者を，保護者が労働等により昼間家庭にいない小学生とし，目的を授業の終了後に児童厚生施設等の施設を利用して適切な遊びおよび生活の場を与えて，その健全育成を図ることと規定している。実施主体は市町村，社会福祉法人に限定せず「その他」の参入を認めている。市町村に本事業の「利用促進」に関する努力義務が規定し，また子どもおよびその家庭からの相談に応じるなど，地域の事情に応じた積極的な支援を行うように努めることが規定されている。なお社会福祉法において，本

事業は第2種社会福祉事業として規定されている。

### (2) 放課後子どもプランの推進

「放課後子どもプラン」に基づき，多くの市町村は小学校や公民館，児童館などを活用し，地域性を活かしつつ「放課後子どもプラン」に取り組んでいる。

現在，小学校数は約2万6000校であり，放課後児童健全育成事業（約2万4500か所）と放課後子ども教室推進事業（約1万5000か所）で小学校数を上回っているが，共働きやひとり親世帯の増加，利用時間のニーズも拡大する中で，現存するものの小規模化に伴い，ニーズに対応しきれない学童保育もあり，さらなる充実が必要となっている。

一方で，学童保育の主たる拠点の1つである児童館運営の民営化や，学童保育職員の非正規雇用化，それに伴う劣悪な待遇で働かざるを得ない職員の増加により，職員の質の低下や職員の就労の継続性の問題が懸念される。また学童保育設置数の地域間格差も大きい。地域関係が希薄化し，さまざまな課題をもつ家庭と連携して，子どもの養育を支援する職員の専門性や質が問われる必要がある。住民参画の名のもとで，有償ボランティア的職員が採用されている自治体もある。職員の専門性や待遇をある程度維持することを前提とした取り組みが，まず必要ではないだろうか。

**参考文献**
山縣文治・岸和田かおり編『保育サービス再考』朱鷺書房，2000年。

# 12章　母子保健施策の現状と課題

## 1　子どもの健康と母子保健

　母子保健の目的は，母子保健法第1条によれば，母性や乳幼児の健康の保持・増進を図るため，母子保健に関する原理を明らかにするとともに，母性や乳幼児に対する保健指導，健康診査，医療その他の措置により国民の保健の向上に寄与することとなっている。ここでいう「母性」とは妊娠，出産，産褥，授乳，育児期の女性の身体的，精神的な状態を指すと理解でき，母子保健とは母親と乳幼児の身体的，精神的健康を目的とした取り組みからなる公衆衛生の一領域と捉えることができよう。

## 2　母子保健法の成立とその改正

　日本の母子保健施策は1937（昭和12）年の保健所の設置により行政的取り組みが始まり，人口政策の一環として関心が高まった。

　高度経済成長期以降，乳児死亡率等において地域格差があったことなどから，より母子保健施策の充実を図り，母子一貫性のある保健活動が必要であるという視点から，児童福祉法から独立して1965（昭和40）年母子保健法（以下本章では「法」と記す）が制定された。母子保健の水準は飛躍的に向上し，母子保健の水準指標である乳児死亡率や新生児死亡率が大きく改善され，少産少死社会が定着することとなった。1994（平成6）年には多様化する母子保健ニーズへの対応や，より身近な市町村でサービスが受けられことを目的に法が改正され，1997（平成9）年度より3歳児健康診査や妊産婦への訪問指導等の基本的な母子保健サービスが市町村に一元化された。

## 3 施策等の現状

母子保健施策は結婚前から妊娠，出産，乳幼児期を通して一貫した体系のもとに総合的に提供されており，その内容は（1）健康診査，（2）保健指導，（3）療養援護，（4）医療対策等，（5）子育て世代包括支援センターの5つの領域で構成されている。以下において各々の主な施策について述べる。

### (1) 健康診査

妊娠中の経過が順調か，異常がないかを調べるために，市町村の委託を受けた医療機関などで無料の健康診査を受けることができる。また乳幼児の健康管理や病気などの早期発見のために，1歳6か月と3歳になった時点で無料の健康診査が行われる。市町村によっては，3か月児や6か月児を対象に健診を行っている。

B型肝炎の母子感染を防ぐために，妊婦にB型肝炎検査を行い，ウイルスを保有していれば，生まれた子どもにワクチンを投与して感染を防止している。市町村によって検査費用の負担が異なる。

フェニールケトン尿症等の先天性代謝異常や先天性甲状腺機能低下症（クレチン症）などは早期発見・早期治療により知的障害や身体障害を予防することが可能である。そのためすべての新生児を対象として血液や尿を用いてのマススクリーニング検査を都道府県，指定都市は実施している。神経芽細胞腫は小児ガンの一種で6か月の乳児に尿検査により行う。これらは患者が発見された場合には小児慢性特定疾患治療研究事業により，医療費の公費負担が行われている。

### (2) 保健指導

妊娠が判明すれば，市町村長に届け出ることが義務付けられており，届け出後，市町村から母子健康手帳が交付される。なお法律には規定されていないが，近年父子健康手帳を交付する自治体も増加している。母子健康手帳には，妊産婦と幼児期までの子どもの状態を記録するようになっており，健康診査や予防接種などの際必要事項を記入してもらうようになっている。また手帳には妊娠

中の過ごし方や乳幼児の育て方，母子に関する施策内容が記載されている。

市町村では妊産婦，乳幼児の保健，栄養，育児など個々の問題に対し個別的に相談に応じている。また両親学級や育児学級など講習会形式で母子保健に関する正しい知識の普及がなされている。妊産婦，新生児，未熟児に対しては，必要に応じて医師，助産婦，保健婦が，その家庭を訪問し相談に応じている。なお2500グラム未満の低体重児を出産した保護者は，その旨を市町村に届ける義務があり，未熟児に関する訪問指導は，市町村が必要に応じて行うこととなっている。

「思春期クリニック」や「健全母性育成事業」は思春期男女の性，思春期特有な心身の問題，妊娠等に関する相談に応じる事業であり，実施主体は市町村である。

### (3) 療養援護

出産時の体重が2000グラム以下，または呼吸機能や循環機能などに異常がある未熟児が，指定の病院で治療を受けた場合，医療費の自己負担分と入院給食費が養育医療の給付として受けられる。生活保護世帯は全額公費負担，その他の世帯は所得に応じて負担される。実施主体は市町村である。また障害者総合支援法に基づき障害をもつ者で，手術などによる治療効果が期待できる場合，指定の病院で治療を受けると医療費が自立支援医療の給付として助成される。実施主体は市町村である。

妊娠中毒症等の療養援護については訪問指導のほか，市町村長は妊娠または出産に支障を及ぼすおそれのある疾病（妊娠中毒症，糖尿病，貧血，産科出血，心疾患）にかかっている場合，医師等の診療を受けることを勧奨し，診療を受けるために必要な援助を行っている。必要な援助として妊娠中または産後10日以内の妊産婦が，妊娠中毒症，糖尿病，貧血，産科出血，心疾患のために7日以上入院した場合に，低所得者を対象に医療費の一部が支給される。支給の実施主体は市町村である。

さらに20歳未満の者が厚生労働省の指定する慢性病（慢性腎疾患，ぜんそく，慢性心疾患，膠原病，糖尿病，血友病，先天性代謝異常など）にかかった場合の経済的負担の軽減を目的に，通院や入院にかかる医療費の自己負担分と入院給食

費が小児慢性特定疾患治療研究事業として公費負担となる。病気によっては18歳未満が対象の場合もある。実施主体は都道府県、指定都市および中核市である。

### (4) 医療対策等

そのほかに基盤整備事業として「母子保健医療施設整備事業」があり、周産期救急医療体制の向上を目的に、周産期医療施設設備整備費の国庫補助を行っている。また1996（平成8）年から周産期医療システムの整備を目的に、周産期医療対策整備事業と総合周産期母子保健医療センターの運営費補助が実施されている。また保育所に通所している病気回復期の子どもで、保護者が勤務等の都合のために家庭内育児が困難な場合、指定された乳児院や医療施設等で一時的に預けることができる「乳幼児健康支援一時預かり事業（病後児保育）」が行われている。

### (5) 子育て世代包括支援センター（母子健康包括支援センター）

地域のつながりの希薄化等により、妊産婦・母親の孤立感や負担感が高まっている中、妊娠期から子育て期までの支援は、関係機関が連携し、切れ目ない支援を実施することが重要となっている。このため、妊娠期から子育て期にわたるまでの切れ目ない支援を行うことを目的に子育て世代包括支援センターが設置された。市町村は本センターを設置するように努めなければならないこととされ、母子保健法には「母子健康包括支援センター」と規定された。妊娠期から子育て期にわたるまでのさまざまなニーズに対して総合的相談支援を提供するワンストップ拠点として、妊娠期から子育て期にわたるまで、地域の特性に応じ、「専門的な知見」と「当事者目線」の両方の視点を活かし、必要な情報を共有して切れ目なく支援する。相談窓口において、妊産婦、子育て家庭の個別ニーズを把握したうえで、情報提供、相談支援を行い、必要なサービスを円滑に利用できるよう、きめ細かく支援することとなっている。

同一市町村において、母子保健型利用者支援事業と基本型利用者支援事業を別々の事業者（施設）が受託するが、両事業のコーディネーターが、緊密に連携して実施する方法が考えられる。

## 4 母体保護法の意義と出生前診断

　母体保護法の前身である優生保護法はナチスドイツの断種法を参考に，1940（昭和15）年に成立した国民優生法が基礎となっている。優生保護法第1条でこの法の目的を「優生上の見地から不良な子孫の出生を防止するとともに，母性の生命健康を保護すること」とし，優生手術（不妊手術）や人工妊娠中絶について規定された。戦後の人口急増期であったことも法制定の背景としてあげられる。同法第3条では優生手術の認定基準が規定され，①本人または配偶者が遺伝性精神病質や遺伝性身体疾患であったり，精神病または知的障害である者，②四親等以内の血族が遺伝性精神病などである者，③本人また配偶者がらい疾患にかかっていて子孫に伝染するおそれがある者，④妊娠または分娩が母体の生命に危険を及ぼすおそれのある者，⑤現に数人の子を有し，分娩ごとに母体の健康が著しく低下するおそれのある者をあげていた。こうした規定に基づき強制的に優生手術がなされた人々の存在が顕在化し，社会的対応が求められてきた。

　優生手術の際，基本的に本人および配偶者の同意を要するが未成年者，精神病者，知的障害者については同意を要しないと規定されていた。また同法第14条で人工妊娠中絶の認定基準が規定され，当時は「悪い遺伝子」の断絶と，戦後の人口急増期における人口増加の抑制というこれら2つの目的を本法律は有していたと思われる。

　その後こうした差別的法律の改正に向けた動きが何度かあったが，1996（平成8）年にようやく改正され「母体保護法」として施行された。母体保護法では法の目的を「不妊手術及び人工妊娠中絶に関する事項を定めること等により，母性の生命健康を保護すること」とし，優生ということばがすべて削除された。また不妊手術の認定基準について同法第3条では，①妊娠または分娩が，母体の生命に危険を及ぼすおそれのある者，②現に数人の子を有し，分娩ごとに母体の健康が著しく低下するおそれのある者をあげている。なお不妊手術の際，本人および配偶者の同意を要するが未成年者については同意を要しないと規定し，精神病者や知的障害者については同意を要しない規定から削除された。人工妊娠中絶の認定基準については同法第14条で，①妊娠の継続または分娩が

身体的または経済的理由により母体の健康を著しく害するおそれのある者,②暴行などにより妊娠した者をあげている。しかしながら実際には,①の規定を拡大解釈し,出生前診断が一般化する中で胎児に障害があるということで,同法が活用されている実態などが問題視されている。こうした状況から中絶認定基準の中に,胎児が障害を有する場合(胎児条項)を規定するべきであるという声が,産婦人科医団体などからあがっている。しかし障害者団体からそうした条項規定への反対があること,およびこうした規定や刑法の堕胎罪を廃止し,女性の決定権を尊重する「リプロダクティブ・ヘルス・アンド・ライツ(性と生殖に関する健康と権利)」が女性団体を中心に強調される中で,改正は困難な状況にある。

# 終章 今後の課題

## 1 児童福祉政策の動向と課題

　子育て支援は家庭支援という領域の中で強調される傾向にあるが，こうした考え方は基本的には家族機能の低下という認識を前提にして家族機能を強化するという政策的立場に立っていると考えられる。しかしながら家族機能の低下ではなく，地域機能の低下と捉えることのほうが妥当であるという指摘も存在する。

　児童福祉分野でも「児童家庭福祉」や「子ども家庭福祉」という概念が提示され，子どもの育つ基盤である家庭に焦点を当てている。こうした捉え方の変化について子ども個人に焦点を当てた「児童福祉」から，親の責任を問う家庭の養育環境に焦点を当てた「児童家庭福祉」と表現できる。欧米でも「社会と家族とのパートナーシップ」という理念が児童福祉施策の基調になっているが，これも親責任を強調したところにその特徴を見出せる。このような動向は，揺らぎ始めた子育てにおける家族の位置付けを再編成することを目的としていると理解できる。しかしながら高度経済成長期以降における家庭や親の役割の強調が，今日の閉鎖化された家庭での親による独占的な子育てを促進してきたともいえ，家庭の強調においては慎重な検討が必要である。子育てにおいては家庭も重要であるが，今日のような地域や家族の状況では，家庭のみで担おうとすること自体が問題であり，家庭と同様に地域や学校やその他のシステムの大切さを強調することこそ，重要なことではないだろうか。

　現代社会における子育て機能の社会化は機能が文字どおり縮小した場合と，遂行の実際だけ外部機関へ移して，遂行の責任は依然として家族の側にあるという場合がある。したがって子育ての社会化はサービスの選択過程において，日常生活での親の責任を増加させているとも考えることができる。また家族の子育て構造の変化について，家族を育児資源の供給システムではなく，家族外部の育児資源をコーディネートするシステムという捉え方も提示されているが，

実際には子育ての社会化を担い得るサービスは量的・質的に不十分であり，意識面でも社会化を疎外する子育て観が根強く残る中で，誰もが権利として育児サービスを要求できるレベルには達していない。また先に述べたように政策的にも親の育児責任は強化され，かつ親の負担する育児コストは増加傾向にある。

国や自治体は地域の実情を踏まえ，子育ての社会化を支える多様なシステムづくりを市民レベルで促すことが重要であり，子育てという身近な営みを地域で共有することで連帯意識が生まれ，地域がコミュニティとして機能することが可能となる場合もあろう。親や家庭の役割を強調するのではなく，親と子どもとの関係を緩和するシステムづくりという視点が大切であろう。

## 2 家庭養護の推進と施設養護の専門機能化

親の精神的，物理的状況が子どものその後の人生の格差につながることが指摘され，こうした傾向がますます顕著となってきている。養護児童のように，親の後ろ盾もない子どもは社会へ出る以前に大きなハンディを抱えざるを得ない。なおかつ，こうした子どもたちはそれまでの養育環境から，目的や意欲をもって主体的に生きていくことが困難な傾向にある。だからこそ精神的・物理的な手厚いケアが必要であるが，現実にそうしたケアを受けることも困難な状況にある。

子どもが育つうえで必要不可欠な家庭をあらゆる養護児童に提供する必要があるが，現状では施設養護が主流を占めている。家庭での十分な依存体験がその後の人生を生き抜く力となるが，そうした体験を里親やファミリーホームで十分に保障されずに措置解除される子どもたちも多く存在する。

実親との生活が困難な場合，本来身近な親族のもとでの暮らしや親族以外の里親を確保し，家庭復帰が困難な場合，養子縁組を提供することを優先して検討する必要があるが，さまざまな課題によって，そうしたことが困難な状況にある。結果的に施設での長期生活を強いられる子どもたちが多くいる。

今後施設養護は，家庭養護が困難な一部の子どもの入所に限定するとともに，さまざまな心理的問題を抱えた子どもたちに心理的ケアを提供し，家庭での暮らしを可能とするよう，高度な養育機能をもつ必要があるといえる。

## 3 地域子育て支援の充実・労働環境の改善

　地域関係や親族関係が希薄化する一方で，経済的に共働きをせざるを得ない家庭も増加傾向にある。子どもの養育と労働の両立が女性側に求められ，新性別役割分業ということばが生み出された。性別にかかわりなく育児に関与できる労働環境の整備，保育所を中心とした社会的養育体制の整備，多様な子育て観を共有できる意識啓発の場が必要である。

　一方，家事に専念する親の孤立化した子育ての実態も顕在化している。子育ての共有化，子どもの社会的存在の意義の再認識を図り，子育てを共有する意識とその具体化が必要である。日本では3歳未満児の認可保育サービス利用率は約2割であり，出生率の高いフランスやスウェーデンの認可保育サービス利用率の半分以下となっている。幼少期はできる限り母親が就労せずに，育児に専念するほうがよいという価値観に基づき，地域社会において十分に子育てを共有できる場が保障されていない中で，育児に専念する親は孤立感を増し，社会との断絶感を感じる傾向にある。

　また子どもの育ちだけを生きる糧とする親は，子どもの出来不出来にのみ関心を向け，無条件に子どもを受容することが困難となり，それが子どもの発達や成長を阻害するという悪循環に陥る傾向にもある。親が子どもを無条件で受容し，子どもの多様性や可能性に目を向けることができるためには，親自身の多様な価値観との出会いや精神的余裕が必要である。

　保育所等の社会的養育の場で親が多様な親と出会い，子どもに親以外の養育者との多様な出会いを社会的に保障することは，親に余裕をもたらすと同時に，子どもの発達や成長を促す。仕事の有無にかかわらず，あらゆる親が子どもに対し，寛容でいられる状況を創り出すためにも，多様な社会的養育の受け皿を保障すると同時に，労働環境の改善が重要であろう。

## 4 子育て支援と社会的養護の架け橋

　日本では，基本的に在宅支援は市区町村，社会的養護は都道府県が提供しているため，連続性をもって提供することが困難である。また在宅型週末里親と

もいえる里親の断続的利用は子育て支援の一環で提供されてよいものであるが，そうしたサービスを提供するという考え方は多くの市区町村にはない。

したがって日本の場合，在宅か親子分離かという二分法で思考せざるを得ない状況にある。そうしたことが実親や里親といった一定の養育者への養育の丸投げ状態を生み出し，社会的養育意識を文化的に醸成することを困難とする。そのことが里親候補を十分に確保できない状況に大きく関係しているように考えられる。在宅での養育支援の充実は，里親委託後の地域社会での養育の共有化を促すとも捉えられる。日本においてもより多様な在宅を基盤とした養育支援を模索する必要がある。

## 5 人材養成と待遇の改善に向けて

児童福祉施設や機関に勤務する職員の専門性の向上や待遇の問題については，長年指摘されてきた。児童福祉施設の設備及び運営に関する基準が十分に改善されない中で，多様かつ深刻な課題を抱えた子どもが増加し，児童養護施設や一時保護所が野戦病院化しているとも表現された。家庭支援専門相談員や被虐待児個別対応職員の増員でこと足れりとされ，職員配置基準が十分に改善されず，生活規模の小単位化が図られることで，職員の労働状況は過酷化している。その結果，子どもに個別に関与することが困難となり，また過剰労働で退職を余儀なくされることで，子どもに養育者との継続性を提供できない状況にある。

子どもの多様かつ深刻化した課題に対応するための人材養成においても，研修に出ることさえできない状況が存在する。社会福祉士や保育士の養成教育においても，学童期以上の子ども対応のあり方や被虐待児やその親への支援について，十分な知識や技術を提供できない状況もある。

さらに優れた人材を集めるうえで待遇は非常に重要な要素ではあるが，昇給・昇格が十分に保障されず，職員の意欲を低下させる要因となっている。養護児童への手厚いケアの提供は長期的視点から見て社会的コストの減少をもたらすことは，一部の欧米・オセアニア先進諸国における研究から明らかにされている。日本においてもこうした認識に基づき，子どものウエルビーイングの向上に向けた経済的支出を社会的に保障することが必要であろう。

**参考文献**

渋谷敦司「少子化問題の社会的構成と家族政策」『季刊社会保障研究』第34巻第4号，国立社会保障・人口問題研究所，1999年．

森岡清美「家族機能の変化と社会福祉」『季刊社会保障研究』第13巻第4号，国立社会保障・人口問題研究所，1978年．

湯浅誠『貧困襲来』山吹書店，2007年．

渡辺秀樹「現代の親子関係の社会学的分析――育児社会論序説」社会保障研究所編『現代家族と社会保障』東京大学出版会，1994年．

# 資  料

## 児童の権利に関するジュネーブ宣言　1924年9月26日国際連盟第5会期総会にて採択

「ジュネーブ宣言」として一般に知られる当「児童の権利宣言」により，すべての国の男女は，人類が児童に対して最善のものを与えるべき義務を負うことを認め，人種，国籍または信条に関する一切の事由に関わりなくすべての児童に，以下の諸事項を保障すべきことを宣言し，かつ自己の義務として受諾する。

1. 児童は，身体的ならびに精神的の両面における正常な発達に必要な諸手段を与えられなければならない。
2. 飢えた児童は食物を与えられなければならない。
  病気の児童は看病されなければならない。
  発達の遅れている児童は援助されなければならない。
  非行を犯した児童は更生させられなければならない。
  孤児および浮浪児は住居を与えられ，かつ，援助されなければならない。
3. 児童は，危難の際には，最初に救済を受ける者でなければならない。
4. 児童は，生計を立て得る地位におかれ，かつ，あらゆる形態の搾取から保護されなければならない。
5. 児童は，その才能が人類同胞への奉仕のために捧げられるべきである，という自覚のもとで育成されなければならない。


## 児童の権利に関する宣言　1959年11月20日国連第14回総会にて採択

　国際連合の諸国民は，国際連合憲章において，基本的人権と人間の尊厳及び価値とに関する信念をあらためて確認し，かつ，一層大きな自由の中で社会的進歩と生活水準の向上とを促進することを決意したので，

　国際連合は，世界人権宣言において，すべて人は，人種，皮膚の色，性，言語，宗教，政治上その他の意見，国民的若しくは社会的出身，財産，門地その他の地位又はこれに類するいかなる事由による差別をも受けることなく，同宣言に掲げるすべての権利と自由とを享有する権利を有すると宣言したので，

児童は、身体的及び精神的に未熟であるため、その出生の前後において、適当な法律上の保護を含めて、特別にこれを守り、かつ、世話することが必要であるので、

このような特別の保護が必要であることは、1924年のジュネーブ児童権利宣言に述べられており、世界人権宣言並びに児童の福祉に関係のある専門機関及び国際機関の規約により認められているので、

人類は児童に対し、最善のものを与える義務を負うものであるので、

よつて、ここに、国際連合総会は、

児童が、幸福な生活を送り、かつ、自己と社会の福利のためにこの宣言に掲げる権利と自由を享有できるようにするために、この児童権利宣言を公布し、また、両親、個人としての男女、民間団体、地方行政機関及び政府に対し、これらの権利を認識し、次の原則に従つて漸進的に執られる立法その他の措置によつてこれらの権利を守るよう努力することを要請する。

第1条
児童は、この宣言に掲げるすべての権利を有する。すべての児童は、いかなる例外もなく、自己またはその家庭のいずれについても、その人種、皮膚の色、性、言語、宗教、政治上その他の意見、国民的若しくは社会的出身、財産、門地その他の地位のため差別を受けることなく、これらの権利を与えられなければならない。

第2条
児童は、特別の保護を受け、また、健全、かつ、正常な方法及び自由と尊厳の状態の下で身体的、知能的、道徳的、精神的及び社会的に成長することができるための機会及び便益を、法律その他の手段によつて与えられなければならない。この目的のために法律を制定するに当つては、児童の最善の利益について、最善の考慮が払われなければならない。

第3条
児童は、その出生のときから姓名及び国籍をもつ権利を有する。

第4条
児童は、社会保障の恩恵を受ける権利を有する。児童は、健康に発育し、かつ、成長する権利を有する。この目的のため、児童とその母は、出産前後の適当な世話を含む特別の世話及保護を与えられなければならない。児童は、適当な栄養、住居、レクリェーション及び医療を与えられる権利を有する。

第5条
身体的、精神的又は社会的に障害のある児童は、その特殊な事情により必要とされる特別の治療、教育及び保護を与えられなければならない。

第6条
　児童は，その人格の完全な，かつ，調和した発展のため，愛情と理解とを必要とする。児童は，できる限り，両親の愛護と責任のもとで，また，いかなる場合においても，愛情と道徳的及び物質的保障のある環境の下で育てられなければならない。幼児は，例外的な場合を除き，その母から引き離されてはならない。社会及び公の機関は，家庭のない児童及び適当な生活維持の方法のない児童に対して特別の保護を与える義務を有する。子供の多い家庭に属する児童については，その援助のため，国その他の機関による費用の負担が望ましい。

第7条
1．児童は，教育を受ける権利を有する。その教育は，少なくとも初等の段階においては，無償，かつ，義務的でなければならない。児童は，その一般的な教養を高め，機会均等の原則に基づいて，その能力，判断力並びに道徳的及び社会的責任感を発達させ，社会の有用な一員となりうるような教育を与えられなければならない。
2．児童の教育及び指導について責任を有する者は，児童の最善の利益をその指導の原則としなければならない。その責任は，まず第一に児童の両親にある。
3．児童は，遊戯及びレクリェーションのための十分な機会を与えられる権利を有する。その遊戯及びレクリェーションは，教育と同じような目的に向けられなければならない。社会及び公の機関は，この権利の享有を促進するために努力しなければならない。

第8条
　児童は，あらゆる状況にあつて，最初に保護及び救済を受けるべき者の中に含められなければならない。

第9条
　児童は，あらゆる放任，虐待及び搾取から保護されなければならない。児童は，いかなる形態においても売買の対象にされてはならない。
　児童は，適当な最低年令に達する前に雇用されてはならない。児童は，いかなる場合にも，その健康及び教育に有害であり，又その身体的，精神的若しくは道徳的発達を妨げる職業若しくは雇用に，従事させられ又は従事することを許されてはならない。

第10条
　児童は，人種的，宗教的その他の形態による差別を助長するおそれのある慣行から保護されなければならない。児童は，理解，寛容，諸国民間の友愛，平和及び四海同胞の精神の下に，また，その力と才能が，人類のために捧げられるべきであるという充分な意識の中で，育てられなければならない。

## 児童憲章　1951年5月5日制定

われらは，日本国憲法の精神にしたがい，児童に対する正しい観念を確立し，すべての児童の幸福をはかるために，この憲章を定める。

児童は，人として尊ばれる。

児童は，社会の一員として重んぜられる。

児童は，よい環境の中で育てられる。

1. すべての児童は，心身ともに，健やかにうまれ，育てられ，その生活を保障される。
2. すべての児童は，家庭で，正しい愛情と知識と技術をもつて育てられ，家庭に恵まれない児童には，これにかわる環境が与えられる。
3. すべての児童は，適当な栄養と住居と被服が与えられ，また，疾病と災害からまもられる。
4. すべての児童は，個性と能力に応じて教育され，社会の一員としての責任を自主的に果すように，みちびかれる。
5. すべての児童は，自然を愛し，科学と芸術を尊ぶように，みちびかれ，また，道徳的心情がつちかわれる。
6. すべての児童は，就学のみちを確保され，また，十分に整つた教育の施設を用意される。
7. すべての児童は，職業指導を受ける機会が与えられる。
8. すべての児童は，その労働において，心身の発育が阻害されず，教育を受ける機会が失われず，また児童としての生活がさまたげられないように，十分に保護される。
9. すべての児童は，よい遊び場と文化財を用意され，悪い環境からまもられる。
10. すべての児童は，虐待，酷使，放任その他不当な取扱からまもられる。あやまちをおかした児童は，適切に保護指導される。
11. すべての児童は，身体が不自由な場合，または精神の機能が不十分な場合に，適切な治療と教育と保護が与えられる。
12. すべての児童は，愛とまことによつて結ばれ，よい国民として人類の平和と文化に貢献するように，みちびかれる。

## 児童の権利に関する条約　1989年国連第44回総会にて採択　1994年日本批准

### 前文

この条約の締約国は，

国際連合憲章において宣明された原則によれば，人類社会のすべての構成員の固有の尊厳及び平等のかつ奪い得ない権利を認めることが世界における自由，正義及び平和の基礎を成すものであることを考慮し，

国際連合加盟国の国民が，国際連合憲章において，基本的人権並びに人間の尊厳及び価値に関する信念を改めて確認し，かつ，一層大きな自由の中で社会的進歩及び生活水準の向上を促進することを決意したことに留意し，

国際連合が，世界人権宣言及び人権に関する国際規約において，すべての人は人種，皮膚の色，性，言語，宗教，政治的意見その他の意見，国民的若しくは社会的出身，財産，出生又は他の地位等によるいかなる差別もなしに同宣言及び同規約に掲げるすべての権利及び自由を享有することができることを宣明し及び合意したことを認め，

国際連合が，世界人権宣言において，児童は特別な保護及び援助についての権利を享有することができることを宣明したことを想起し，

家族が，社会の基礎的な集団として，並びに家族のすべての構成員，特に，児童の成長及び福祉のための自然な環境として，社会においてその責任を十分に引き受けることができるよう必要な保護及び援助を与えられるべきであることを確信し，

児童が，その人格の完全なかつ調和のとれた発達のため，家庭環境の下で幸福，愛情及び理解のある雰囲気の中で成長すべきであることを認め，

児童が，社会において個人として生活するため十分な準備が整えられるべきであり，かつ，国際連合憲章において宣明された理想の精神並びに特に平和，尊厳，寛容，自由，平等及び連帯の精神に従って育てられるべきであることを考慮し，

児童に対して特別な保護を与えることの必要性が，1924年の児童の権利に関するジュネーヴ宣言及び1959年11月20日に国際連合総会で採択された児童の権利に関する宣言において述べられており，また，世界人権宣言，市民的及び政治的権利に関する国際規約（特に第23条及び第24条），経済的，社会的及び文化的権利に関する国際規約（特に第10条）並びに児童の福祉に関係する専門機関及び国際機関の規程及び関係文書において認められていることに留意し，

児童の権利に関する宣言において示されているとおり「児童は，身体的及び精神的に未熟であるため，その出生の前後において，適当な法的保護を含む特別な保護及び世話を必要とする。」ことに留意し，

国内の又は国際的な里親委託及び養子縁組を特に考慮した児童の保護及び福祉についての社会的及び法的な原則に関する宣言，少年司法の運用のための国際連合最低基準規則（北京規則）及び緊急事態及び武力紛争における女子及び児童の保護に関する宣言の規定を想起し，

極めて困難な条件の下で生活している児童が世界のすべての国に存在すること，また，このような児童が特別の配慮を必要としていることを認め，

児童の保護及び調和のとれた発達のために各人民の伝統及び文化的価値が有する重要性を十分に考慮し，

あらゆる国特に開発途上国における児童の生活条件を改善するために国際協力が重要であることを認めて，

次のとおり協定した。

# 第1部
## 第1条
この条約の適用上，児童とは，18歳未満のすべての者をいう。ただし，当該児童で，その者に適用される法律によりより早く成年に達したものを除く。

## 第2条
1 締約国は，その管轄の下にある児童に対し，児童又はその父母若しくは法定保護者の人種，皮膚の色，性，言語，宗教，政治的意見その他の意見，国民的，種族的若しくは社会的出身，財産，心身障害，出生又は他の地位にかかわらず，いかなる差別もなしにこの条約に定める権利を尊重し，及び確保する。

2 締約国は，児童がその父母，法定保護者又は家族の構成員の地位，活動，表明した意見又は信念によるあらゆる形態の差別又は処罰から保護されることを確保するためのすべての適当な措置をとる。

## 第3条
1 児童に関するすべての措置をとるに当たっては，公的若しくは私的な社会福祉施設，裁判所，行政当局又は立法機関のいずれによって行われるものであっても，児童の最善の利益が主として考慮されるものとする。

2 締約国は，児童の父母，法定保護者又は児童について法的に責任を有する他の者の権利及び義務を考慮に入れて，児童の福祉に必要な保護及び養護を確保することを約束し，このため，すべての適当な立法上及び行政上の措置をとる。

3 締約国は，児童の養護又は保護のための施設，役務の提供及び設備が，特に安全及び健康の分野に関し並びにこれらの職員の数及び適格性並びに適正な監督に関し権限のある当局の設定した基準に適合することを確保する。

第4条

　締約国は，この条約において認められる権利の実現のため，すべての適当な立法措置，行政措置その他の措置を講ずる。締約国は，経済的，社会的及び文化的権利に関しては，自国における利用可能な手段の最大限の範囲内で，また，必要な場合には国際協力の枠内で，これらの措置を講ずる。

第5条

　締約国は，児童がこの条約において認められる権利を行使するに当たり，父母若しくは場合により地方の慣習により定められている大家族若しくは共同体の構成員，法定保護者又は児童について法的に責任を有する他の者がその児童の発達しつつある能力に適合する方法で適当な指示及び指導を与える責任，権利及び義務を尊重する。

第6条

1　締約国は，すべての児童が生命に対する固有の権利を有することを認める。

2　締約国は，児童の生存及び発達を可能な最大限の範囲において確保する。

第7条

1　児童は，出生の後直ちに登録される。児童は，出生の時から氏名を有する権利及び国籍を取得する権利を有するものとし，また，できる限りその父母を知りかつその父母によって養育される権利を有する。

2　締約国は，特に児童が無国籍となる場合を含めて，国内法及びこの分野における関連する国際文書に基づく自国の義務に従い，1の権利の実現を確保する。

第8条

1　締約国は，児童が法律によって認められた国籍，氏名及び家族関係を含むその身元関係事項について不法に干渉されることなく保持する権利を尊重することを約束する。

2　締約国は，児童がその身元関係事項の一部又は全部を不法に奪われた場合には，その身元関係事項を速やかに回復するため，適当な援助及び保護を与える。

第9条

1　締約国は，児童がその父母の意思に反してその父母から分離されないことを確保する。ただし，権限のある当局が司法の審査に従うことを条件として適用のある法律及び手続に従いその分離が児童の最善の利益のために必要であると決定する場合は，この限りでない。このような決定は，父母が児童を虐待し若しくは放置する場合又は父母が別居しており児童の居住地を決定しなければならない場合のような特定の場合において必要となることがある。

2　すべての関係当事者は，1の規定に基づくいかなる手続においても，その手続に参加しかつ自己の意見を述べる機会を有する。

3　締約国は，児童の最善の利益に反する場合を除くほか，父母の一方又は双方から分離されている児童が定期的に父母のいずれとも人的な関係及び直接の接触を維持する権利を尊重する。

4　3の分離が，締約国がとった父母の一方若しくは双方又は児童の抑留，拘禁，追放，退去強制，死亡（その者が当該締約国により身体を拘束されている間に何らかの理由により生じた死亡を含む。）等のいずれかの措置に基づく場合には，当該締約国は，要請に応じ，父母，児童又は適当な場合には家族の他の構成員に対し，家族のうち不在となっている者の所在に関する重要な情報を提供する。ただし，その情報の提供が児童の福祉を害する場合は，この限りでない。締約国は，更に，その要請の提出自体が関係者に悪影響を及ぼさないことを確保する。

## 第10条

1　前条1の規定に基づく締約国の義務に従い，家族の再統合を目的とする児童又はその父母による締約国への入国又は締約国からの出国の申請については，締約国が積極的，人道的かつ迅速な方法で取り扱う。締約国は，更に，その申請の提出が申請者及びその家族の構成員に悪影響を及ぼさないことを確保する。

2　父母と異なる国に居住する児童は，例外的な事情がある場合を除くほか定期的に父母との人的な関係及び直接の接触を維持する権利を有する。このため，前条1の規定に基づく締約国の義務に従い，締約国は，児童及びその父母がいずれの国（自国を含む。）からも出国し，かつ，自国に入国する権利を尊重する。出国する権利は，法律で定められ，国の安全，公の秩序，公衆の健康若しくは道徳又は他の者の権利及び自由を保護するために必要であり，かつ，この条約において認められる他の権利と両立する制限にのみ従う。

## 第11条

1　締約国は，児童が不法に国外へ移送されることを防止し及び国外から帰還することができない事態を除去するための措置を講ずる。

2　このため，締約国は，二国間若しくは多数国間の協定の締結又は現行の協定への加入を促進する。

## 第12条

1　締約国は，自己の意見を形成する能力のある児童がその児童に影響を及ぼすすべての事項について自由に自己の意見を表明する権利を確保する。この場合において，児童の意見は，その児童の年齢及び成熟度に従って相応に考慮されるものとする。

2　このため，児童は，特に，自己に影響を及ぼすあらゆる司法上及び行政上の手続において，国内法の手続規則に合致する方法により直接に又は代理人若しくは適当な団体を

通じて聴取される機会を与えられる。

#### 第13条

1 児童は，表現の自由についての権利を有する。この権利には，口頭，手書き若しくは印刷，芸術の形態又は自ら選択する他の方法により，国境とのかかわりなく，あらゆる種類の情報及び考えを求め，受け及び伝える自由を含む。
2 1の権利の行使については，一定の制限を課することができる。ただし，その制限は，法律によって定められ，かつ，次の目的のために必要とされるものに限る。
   (a) 他の者の権利又は信用の尊重
   (b) 国の安全，公の秩序又は公衆の健康若しくは道徳の保護

#### 第14条

1 締約国は，思想，良心及び宗教の自由についての児童の権利を尊重する。
2 締約国は，児童が1の権利を行使するに当たり，父母及び場合により法定保護者が児童に対しその発達しつつある能力に適合する方法で指示を与える権利及び義務を尊重する。
3 宗教又は信念を表明する自由については，法律で定める制限であって公共の安全，公の秩序，公衆の健康若しくは道徳又は他の者の基本的な権利及び自由を保護するために必要なもののみを課することができる。

#### 第15条

1 締約国は，結社の自由及び平和的な集会の自由についての児童の権利を認める。
2 1の権利の行使については，法律で定める制限であって国の安全若しくは公共の安全，公の秩序，公衆の健康若しくは道徳の保護又は他の者の権利及び自由の保護のため民主的社会において必要なもの以外のいかなる制限も課することができない。

#### 第16条

1 いかなる児童も，その私生活，家族，住居若しくは通信に対して恣意的に若しくは不法に干渉され又は名誉及び信用を不法に攻撃されない。
2 児童は，1の干渉又は攻撃に対する法律の保護を受ける権利を有する。

#### 第17条

締約国は，大衆媒体（マス・メディア）の果たす重要な機能を認め，児童が国の内外の多様な情報源からの情報及び資料，特に児童の社会面，精神面及び道徳面の福祉並びに心身の健康の促進を目的とした情報及び資料を利用することができることを確保する。このため，締約国は，
  (a) 児童にとって社会面及び文化面において有益であり，かつ，第29条の精神に沿う情報及び資料を大衆媒体（マス・メディア）が普及させるよう奨励する。

(b) 国の内外の多様な情報源（文化的にも多様な情報源を含む。）からの情報及び資料の作成，交換及び普及における国際協力を奨励する。
(c) 児童用書籍の作成及び普及を奨励する。
(d) 少数集団に属し又は原住民である児童の言語上の必要性について大衆媒体（マス・メディア）が特に考慮するよう奨励する。
(e) 第13条及び次条の規定に留意して，児童の福祉に有害な情報及び資料から児童を保護するための適当な指針を発展させることを奨励する。

## 第18条

1　締約国は，児童の養育及び発達について父母が共同の責任を有するという原則についての認識を確保するために最善の努力を払う。父母又は場合により法定保護者は，児童の養育及び発達についての第一義的な責任を有する。児童の最善の利益は，これらの者の基本的な関心事項となるものとする。

2　締約国は，この条約に定める権利を保障し及び促進するため，父母及び法定保護者が児童の養育についての責任を遂行するに当たりこれらの者に対して適当な援助を与えるものとし，また，児童の養護のための施設，設備及び役務の提供の発展を確保する。

3　締約国は，父母が働いている児童が利用する資格を有する児童の養護のための役務の提供及び設備からその児童が便益を受ける権利を有することを確保するためのすべての適当な措置をとる。

## 第19条

1　締約国は，児童が父母，法定保護者又は児童を監護する他の者による監護を受けている間において，あらゆる形態の身体的若しくは精神的な暴力，傷害若しくは虐待，放置若しくは怠慢な取扱い，不当な取扱い又は搾取（性的虐待を含む。）からその児童を保護するためすべての適当な立法上，行政上，社会上及び教育上の措置をとる。

2　1の保護措置には，適当な場合には，児童及び児童を監護する者のために必要な援助を与える社会的計画の作成その他の形態による防止のための効果的な手続並びに1に定める児童の不当な取扱いの事件の発見，報告，付託，調査，処置及び事後措置並びに適当な場合には司法の関与に関する効果的な手続を含むものとする。

## 第20条

1　一時的若しくは恒久的にその家庭環境を奪われた児童又は児童自身の最善の利益にかんがみその家庭環境にとどまることが認められない児童は，国が与える特別の保護及び援助を受ける権利を有する。

2　締約国は，自国の国内法に従い，1の児童のための代替的な監護を確保する。

3　2の監護には，特に，里親委託，イスラム法のカファーラ，養子縁組又は必要な場

は児童の監護のための適当な施設への収容を含むことができる。解決策の検討に当たっては，児童の養育において継続性が望ましいこと並びに児童の種族的，宗教的，文化的及び言語的な背景について，十分な考慮を払うものとする。

## 第21条

養子縁組の制度を認め又は許容している締約国は，児童の最善の利益について最大の考慮が払われることを確保するものとし，また，

(a) 児童の養子縁組が権限のある当局によってのみ認められることを確保する。この場合において，当該権限のある当局は，適用のある法律及び手続に従い，かつ，信頼し得るすべての関連情報に基づき，養子縁組が父母，親族及び法定保護者に関する児童の状況にかんがみ許容されること並びに必要な場合には，関係者が所要のカウンセリングに基づき養子縁組について事情を知らされた上での同意を与えていることを認定する。

(b) 児童がその出身国内において里親若しくは養家に託され又は適切な方法で監護を受けることができない場合には，これに代わる児童の監護の手段として国際的な養子縁組を考慮することができることを認める。

(c) 国際的な養子縁組が行われる児童が国内における養子縁組の場合における保護及び基準と同等のものを享受することを確保する。

(d) 国際的な養子縁組において当該養子縁組が関係者に不当な金銭上の利得をもたらすことがないことを確保するためのすべての適当な措置をとる。

(e) 適当な場合には，二国間又は多数国間の取極又は協定を締結することによりこの条の目的を促進し，及びこの枠組みの範囲内で他国における児童の養子縁組が権限のある当局又は機関によって行われることを確保するよう努める。

## 第22条

1　締約国は，難民の地位を求めている児童又は適用のある国際法及び国際的な手続若しくは国内法及び国内的な手続に基づき難民と認められている児童が，父母又は他の者に付き添われているかいないかを問わず，この条約及び自国が締約国となっている人権又は人道に関する他の国際文書に定める権利であって適用のあるものの享受に当たり，適当な保護及び人道的援助を受けることを確保するための適当な措置をとる。

2　このため，締約国は，適当と認める場合には，1の児童を保護し及び援助するため，並びに難民の児童の家族との再統合に必要な情報を得ることを目的としてその難民の児童の父母又は家族の他の構成員を捜すため，国際連合及びこれと協力する他の権限のある政府間機関又は関係非政府機関による努力に協力する。その難民の児童は，父母又は家族の他の構成員が発見されない場合には，何らかの理由により恒久的又は一時的にそ

の家庭環境を奪われた他の児童と同様にこの条約に定める保護が与えられる。

## 第23条

1 締約国は，精神的又は身体的な障害を有する児童が，その尊厳を確保し，自立を促進し及び社会への積極的な参加を容易にする条件の下で十分かつ相応な生活を享受すべきであることを認める。

2 締約国は，障害を有する児童が特別の養護についての権利を有することを認めるものとし，利用可能な手段の下で，申込みに応じた，かつ，当該児童の状況及び父母又は当該児童を養護している他の者の事情に適した援助を，これを受ける資格を有する児童及びこのような児童の養護について責任を有する者に与えることを奨励し，かつ，確保する。

3 障害を有する児童の特別な必要を認めて，2の規定に従って与えられる援助は，父母又は当該児童を養護している他の者の資力を考慮して可能な限り無償で与えられるものとし，かつ，障害を有する児童が可能な限り社会への統合及び個人の発達（文化的及び精神的な発達を含む。）を達成することに資する方法で当該児童が教育，訓練，保健サービス，リハビリテーション・サービス，雇用のための準備及びレクリエーションの機会を実質的に利用し及び享受することができるように行われるものとする。

4 締約国は，国際協力の精神により，予防的な保健並びに障害を有する児童の医学的，心理学的及び機能的治療の分野における適当な情報の交換（リハビリテーション，教育及び職業サービスの方法に関する情報の普及及び利用を含む。）であってこれらの分野における自国の能力及び技術を向上させ並びに自国の経験を広げることができるようにすることを目的とするものを促進する。これに関しては，特に，開発途上国の必要を考慮する。

## 第24条

1 締約国は，到達可能な最高水準の健康を享受すること並びに病気の治療及び健康の回復のための便宜を与えられることについての児童の権利を認める。締約国は，いかなる児童もこのような保健サービスを利用する権利が奪われないことを確保するために努力する。

2 締約国は，1の権利の完全な実現を追求するものとし，特に，次のことのための適当な措置をとる。

(a) 幼児及び児童の死亡率を低下させること。
(b) 基礎的な保健の発展に重点を置いて必要な医療及び保健をすべての児童に提供することを確保すること。
(c) 環境汚染の危険を考慮に入れて，基礎的な保健の枠組みの範囲内で行われることを

含めて，特に容易に利用可能な技術の適用により並びに十分に栄養のある食物及び清潔な飲料水の供給を通じて，疾病及び栄養不良と闘うこと。
  (d) 母親のための産前産後の適当な保健を確保すること。
  (e) 社会のすべての構成員特に父母及び児童が，児童の健康及び栄養，母乳による育児の利点，衛生（環境衛生を含む。）並びに事故の防止についての基礎的な知識に関して，情報を提供され，教育を受ける機会を有し及びその知識の使用について支援されることを確保すること。
  (f) 予防的な保健，父母のための指導並びに家族計画に関する教育及びサービスを発展させること。
3 締約国は，児童の健康を害するような伝統的な慣行を廃止するため，効果的かつ適当なすべての措置をとる。
4 締約国は，この条において認められる権利の完全な実現を漸進的に達成するため，国際協力を促進し及び奨励することを約束する。これに関しては，特に，開発途上国の必要を考慮する。

## 第25条

締約国は，児童の身体又は精神の養護，保護又は治療を目的として権限のある当局によって収容された児童に対する処遇及びその収容に関連する他のすべての状況に関する定期的な審査が行われることについての児童の権利を認める。

## 第26条

1 締約国は，すべての児童が社会保険その他の社会保障からの給付を受ける権利を認めるものとし，自国の国内法に従い，この権利の完全な実現を達成するための必要な措置をとる。
2 1の給付は，適当な場合には，児童及びその扶養について責任を有する者の資力及び事情並びに児童によって又は児童に代わって行われる給付の申請に関する他のすべての事項を考慮して，与えられるものとする。

## 第27条

1 締約国は，児童の身体的，精神的，道徳的及び社会的な発達のための相当な生活水準についてのすべての児童の権利を認める。
2 父母又は児童について責任を有する他の者は，自己の能力及び資力の範囲内で，児童の発達に必要な生活条件を確保することについての第一義的な責任を有する。
3 締約国は，国内事情に従い，かつ，その能力の範囲内で，1の権利の実現のため，父母及び児童について責任を有する他の者を援助するための適当な措置をとるものとし，また，必要な場合には，特に栄養，衣類及び住居に関して，物的援助及び支援計画を提

4 締約国は、父母又は児童について金銭上の責任を有する他の者から、児童の扶養料を自国内で及び外国から、回収することを確保するためのすべての適当な措置をとる。特に、児童について金銭上の責任を有する者が児童と異なる国に居住している場合には、締約国は、国際協定への加入又は国際協定の締結及び他の適当な取決めの作成を促進する。

## 第28条

1 締約国は、教育についての児童の権利を認めるものとし、この権利を漸進的にかつ機会の平等を基礎として達成するため、特に、
  (a) 初等教育を義務的なものとし、すべての者に対して無償のものとする。
  (b) 種々の形態の中等教育(一般教育及び職業教育を含む。)の発展を奨励し、すべての児童に対し、これらの中等教育が利用可能であり、かつ、これらを利用する機会が与えられるものとし、例えば、無償教育の導入、必要な場合における財政的援助の提供のような適当な措置をとる。
  (c) すべての適当な方法により、能力に応じ、すべての者に対して高等教育を利用する機会が与えられるものとする。
  (d) すべての児童に対し、教育及び職業に関する情報及び指導が利用可能であり、かつ、これらを利用する機会が与えられるものとする。
  (e) 定期的な登校及び中途退学率の減少を奨励するための措置をとる。
2 締約国は、学校の規律が児童の人間の尊厳に適合する方法で及びこの条約に従って運用されることを確保するためのすべての適当な措置をとる。
3 締約国は、特に全世界における無知及び非識字の廃絶に寄与し並びに科学上及び技術上の知識並びに最新の教育方法の利用を容易にするため、教育に関する事項についての国際協力を促進し、及び奨励する。これに関しては、特に、開発途上国の必要を考慮する。

## 第29条

1 締約国は、児童の教育が次のことを指向すべきことに同意する。
  (a) 児童の人格、才能並びに精神的及び身体的な能力をその可能な最大限度まで発達させること。
  (b) 人権及び基本的自由並びに国際連合憲章にうたう原則の尊重を育成すること。
  (c) 児童の父母、児童の文化的同一性、言語及び価値観、児童の居住国及び出身国の国民的価値観並びに自己の文明と異なる文明に対する尊重を育成すること。
  (d) すべての人民の間の、種族的、国民的及び宗教的集団の間の並びに原住民である者

の理解，平和，寛容，両性の平等及び友好の精神に従い，自由な社会における責任ある生活のために児童に準備させること。
　(e) 自然環境の尊重を育成すること。
2　この条又は前条のいかなる規定も，個人及び団体が教育機関を設置し及び管理する自由を妨げるものと解してはならない。ただし，常に，1に定める原則が遵守されること及び当該教育機関において行われる教育が国によって定められる最低限度の基準に適合することを条件とする。

## 第30条

種族的，宗教的若しくは言語的少数民族又は原住民である者が存在する国において，当該少数民族に属し又は原住民である児童は，その集団の他の構成員とともに自己の文化を享有し，自己の宗教を信仰しかつ実践し又は自己の言語を使用する権利を否定されない。

## 第31条

1　締約国は，休息及び余暇についての児童の権利並びに児童がその年齢に適した遊び及びレクリエーションの活動を行い並びに文化的な生活及び芸術に自由に参加する権利を認める。
2　締約国は，児童が文化的及び芸術的な生活に十分に参加する権利を尊重しかつ促進するものとし，文化的及び芸術的な活動並びにレクリエーション及び余暇の活動のための適当かつ平等な機会の提供を奨励する。

## 第32条

1　締約国は，児童が経済的な搾取から保護され及び危険となり若しくは児童の教育の妨げとなり又は児童の健康若しくは身体的，精神的，道徳的若しくは社会的な発達に有害となるおそれのある労働への従事から保護される権利を認める。
2　締約国は，この条の規定の実施を確保するための立法上，行政上，社会上及び教育上の措置をとる。このため，締約国は，他の国際文書の関連規定を考慮して，特に，
　(a) 雇用が認められるための1又は2以上の最低年齢を定める。
　(b) 労働時間及び労働条件についての適当な規則を定める。
　(c) この条の規定の効果的な実施を確保するための適当な罰則その他の制裁を定める。

## 第33条

締約国は，関連する国際条約に定義された麻薬及び向精神薬の不正な使用から児童を保護し並びにこれらの物質の不正な生産及び取引における児童の使用を防止するための立法上，行政上，社会上及び教育上の措置を含むすべての適当な措置をとる。

第 34 条

　締約国は，あらゆる形態の性的搾取及び性的虐待から児童を保護することを約束する。このため，締約国は，特に，次のことを防止するためのすべての適当な国内，二国間及び多数国間の措置をとる。
(a) 不法な性的な行為を行うことを児童に対して勧誘し又は強制すること。
(b) 売春又は他の不法な性的な業務において児童を搾取的に使用すること。
(c) わいせつな演技及び物において児童を搾取的に使用すること。

第 35 条

　締約国は，あらゆる目的のための又はあらゆる形態の児童の誘拐，売買又は取引を防止するためのすべての適当な国内，二国間及び多数国間の措置をとる。

第 36 条

　締約国は，いずれかの面において児童の福祉を害する他のすべての形態の搾取から児童を保護する。

第 37 条

　締約国は，次のことを確保する。
(a) いかなる児童も，拷問又は他の残虐な，非人道的な若しくは品位を傷つける取扱い若しくは刑罰を受けないこと。死刑又は釈放の可能性がない終身刑は，18歳未満の者が行った犯罪について科さないこと。
(b) いかなる児童も，不法に又は恣意的にその自由を奪われないこと。児童の逮捕，抑留又は拘禁は，法律に従って行うものとし，最後の解決手段として最も短い適当な期間のみ用いること。
(c) 自由を奪われたすべての児童は，人道的に，人間の固有の尊厳を尊重して，かつ，その年齢の者の必要を考慮した方法で取り扱われること。特に，自由を奪われたすべての児童は，成人とは分離されないことがその最善の利益であると認められない限り成人とは分離されるものとし，例外的な事情がある場合を除くほか，通信及び訪問を通じてその家族との接触を維持する権利を有すること。
(d) 自由を奪われたすべての児童は，弁護人その他適当な援助を行う者と速やかに接触する権利を有し，裁判所その他の権限のある，独立の，かつ，公平な当局においてその自由の剥奪の合法性を争い並びにこれについての決定を速やかに受ける権利を有すること。

第 38 条

1　締約国は，武力紛争において自国に適用される国際人道法の規定で児童に関係を有するものを尊重し及びこれらの規定の尊重を確保することを約束する。

2　締約国は，15歳未満の者が敵対行為に直接参加しないことを確保するためのすべての実行可能な措置をとる。

3　締約国は，15歳未満の者を自国の軍隊に採用することを差し控えるものとし，また，15歳以上18歳未満の者の中から採用するに当たっては，最年長者を優先させるよう努める。

4　締約国は，武力紛争において文民を保護するための国際人道法に基づく自国の義務に従い，武力紛争の影響を受ける児童の保護及び養護を確保するためのすべての実行可能な措置をとる。

### 第39条

締約国は，あらゆる形態の放置，搾取若しくは虐待，拷問若しくは他のあらゆる形態の残虐な，非人道的な若しくは品位を傷つける取扱い若しくは刑罰又は武力紛争による被害者である児童の身体的及び心理的な回復及び社会復帰を促進するためのすべての適当な措置をとる。このような回復及び復帰は，児童の健康，自尊心及び尊厳を育成する環境において行われる。

### 第40条

1　締約国は，刑法を犯したと申し立てられ，訴追され又は認定されたすべての児童が尊厳及び価値についての当該児童の意識を促進させるような方法であって，当該児童が他の者の人権及び基本的自由を尊重することを強化し，かつ，当該児童の年齢を考慮し，更に，当該児童が社会に復帰し及び社会において建設的な役割を担うことがなるべく促進されることを配慮した方法により取り扱われる権利を認める。

2　このため，締約国は，国際文書の関連する規定を考慮して，特に次のことを確保する。
　(a) いかなる児童も，実行の時に国内法又は国際法により禁じられていなかった作為又は不作為を理由として刑法を犯したと申し立てられ，訴追され又は認定されないこと。
　(b) 刑法を犯したと申し立てられ又は訴追されたすべての児童は，少なくとも次の保障を受けること。
　　(i) 法律に基づいて有罪とされるまでは無罪と推定されること。
　　(ii) 速やかにかつ直接に，また，適当な場合には当該児童の父母又は法定保護者を通じてその罪を告げられること並びに防御の準備及び申立てにおいて弁護人その他適当な援助を行う者を持つこと。
　　(iii) 事案が権限のある，独立の，かつ，公平な当局又は司法機関により法律に基づく公正な審理において，弁護人その他適当な援助を行う者の立会い及び，特に当該児童の年齢又は境遇を考慮して児童の最善の利益にならないと認められる場合を除くほか，当該児童の父母又は法定保護者の立会いの下に遅滞なく決定される

こと。
- (iv) 供述又は有罪の自白を強要されないこと。不利な証人を尋問し又はこれに対し尋問させること並びに対等の条件で自己のための証人の出席及びこれに対する尋問を求めること。
- (v) 刑法を犯したと認められた場合には，その認定及びその結果科せられた措置について，法律に基づき，上級の，権限のある，独立の，かつ，公平な当局又は司法機関によって再審理されること。
- (vi) 使用される言語を理解すること又は話すことができない場合には，無料で通訳の援助を受けること。
- (vii) 手続のすべての段階において当該児童の私生活が十分に尊重されること。

3 締約国は，刑法を犯したと申し立てられ，訴追され又は認定された児童に特別に適用される法律及び手続の制定並びに当局及び施設の設置を促進するよう努めるものとし，特に，次のことを行う。
- (a) その年齢未満の児童は刑法を犯す能力を有しないと推定される最低年齢を設定すること。
- (b) 適当なかつ望ましい場合には，人権及び法的保護が十分に尊重されていることを条件として，司法上の手続に訴えることなく当該児童を取り扱う措置をとること。

4 児童がその福祉に適合し，かつ，その事情及び犯罪の双方に応じた方法で取り扱われることを確保するため，保護，指導及び監督命令，カウンセリング，保護観察，里親委託，教育及び職業訓練計画，施設における養護に代わる他の措置等の種々の処置が利用し得るものとする。

## 第41条

この条約のいかなる規定も，次のものに含まれる規定であって児童の権利の実現に一層貢献するものに影響を及ぼすものではない。
- (a) 締約国の法律
- (b) 締約国について効力を有する国際法

## 第2部

### 第42条

締約国は，適当かつ積極的な方法でこの条約の原則及び規定を成人及び児童のいずれにも広く知らせることを約束する。

### 第43条

1 この条約において負う義務の履行の達成に関する締約国による進捗の状況を審査す

るため，児童の権利に関する委員会（以下「委員会」という。）を設置する。委員会は，この部に定める任務を行う。

2　委員会は，徳望が高く，かつ，この条約が対象とする分野において能力を認められた10人の専門家で構成する。委員会の委員は，締約国の国民の中から締約国により選出されるものとし，個人の資格で職務を遂行する。その選出に当たっては，衡平な地理的配分及び主要な法体系を考慮に入れる。

3　委員会の委員は，締約国により指名された者の名簿の中から秘密投票により選出される。各締約国は，自国民の中から一人を指名することができる。

4　委員会の委員の最初の選挙は，この条約の効力発生の日の後6箇月以内に行うものとし，その後の選挙は，2年ごとに行う。国際連合事務総長は，委員会の委員の選挙の日の遅くとも4箇月前までに，締約国に対し，自国が指名する者の氏名を2箇月以内に提出するよう書簡で要請する。その後，同事務総長は，指名された者のアルファベット順による名簿（これらの者を指名した締約国名を表示した名簿とする。）を作成し，この条約の締約国に送付する。

5　委員会の委員の選挙は，国際連合事務総長により国際連合本部に招集される締約国の会合において行う。これらの会合は，締約国の3分の2をもって定足数とする。これらの会合においては，出席しかつ投票する締約国の代表によって投じられた票の最多数で，かつ，過半数の票を得た者をもって委員会に選出された委員とする。

6　委員会の委員は，4年の任期で選出される。委員は，再指名された場合には，再選される資格を有する。最初の選挙において選出された委員のうち5人の委員の任期は，2年で終了するものとし，これらの5人の委員は，最初の選挙の後直ちに，最初の選挙が行われた締約国の会合の議長によりくじ引で選ばれる。

7　委員会の委員が死亡し，辞任し又は他の理由のため委員会の職務を遂行することができなくなったことを宣言した場合には，当該委員を指名した締約国は，委員会の承認を条件として自国民の中から残余の期間職務を遂行する他の専門家を任命する。

8　委員会は，手続規則を定める。

9　委員会は，役員を2年の任期で選出する。

10　委員会の会合は，原則として，国際連合本部又は委員会が決定する他の適当な場所において開催する。委員会は，原則として毎年1回会合する。委員会の会合の期間は，国際連合総会の承認を条件としてこの条約の締約国の会合において決定し，必要な場合には，再検討する。

11　国際連合事務総長は，委員会がこの条約に定める任務を効果的に遂行するために必要な職員及び便益を提供する。

12 この条約に基づいて設置する委員会の委員は，国際連合総会が決定する条件に従い，同総会の承認を得て，国際連合の財源から報酬を受ける。

## 第44条

1 締約国は，(a) 当該締約国についてこの条約が効力を生ずる時から2年以内に，(b) その後は5年ごとに，この条約において認められる権利の実現のためにとった措置及びこれらの権利の享受についてもたらされた進歩に関する報告を国際連合事務総長を通じて委員会に提出することを約束する。
2 この条の規定により行われる報告には，この条約に基づく義務の履行の程度に影響を及ぼす要因及び障害が存在する場合には，これらの要因及び障害を記載する。当該報告には，また，委員会が当該国における条約の実施について包括的に理解するために十分な情報を含める。
3 委員会に対して包括的な最初の報告を提出した締約国は，1 (b) の規定に従って提出するその後の報告においては，既に提供した基本的な情報を繰り返す必要はない。
4 委員会は，この条約の実施に関連する追加の情報を締約国に要請することができる。
5 委員会は，その活動に関する報告を経済社会理事会を通じて2年ごとに国際連合総会に提出する。
6 締約国は，1の報告を自国において公衆が広く利用できるようにする。

## 第45条

この条約の効果的な実施を促進し及びこの条約が対象とする分野における国際協力を奨励するため，

(a) 専門機関及び国際連合児童基金その他の国際連合の機関は，その任務の範囲内にある事項に関するこの条約の規定の実施についての検討に際し，代表を出す権利を有する。委員会は，適当と認める場合には，専門機関及び国際連合児童基金その他の権限のある機関に対し，これらの機関の任務の範囲内にある事項に関するこの条約の実施について専門家の助言を提供するよう要請することができる。委員会は，専門機関及び国際連合児童基金その他の国際連合の機関に対し，これらの機関の任務の範囲内にある事項に関するこの条約の実施について報告を提出するよう要請することができる。

(b) 委員会は，適当と認める場合には，技術的な助言若しくは援助の要請を含んでおり又はこれらの必要性を記載している締約国からのすべての報告を，これらの要請又は必要性の記載に関する委員会の見解及び提案がある場合は当該見解及び提案とともに，専門機関及び国際連合児童基金その他の権限のある機関に送付する。

(c) 委員会は，国際連合総会に対し，国際連合事務総長が委員会のために児童の権利に

関連する特定の事項に関する研究を行うよう同事務総長に要請することを勧告することができる。

(d) 委員会は，前条及びこの条の規定により得た情報に基づく提案及び一般的な性格を有する勧告を行うことができる。これらの提案及び一般的な性格を有する勧告は，関係締約国に送付し，締約国から意見がある場合にはその意見とともに国際連合総会に報告する。

## 第３部

### 第46条

この条約は，すべての国による署名のために開放しておく。

### 第47条

この条約は，批准されなければならない。批准書は，国際連合事務総長に寄託する。

### 第48条

この条約は，すべての国による加入のために開放しておく。加入書は，国際連合事務総長に寄託する。

### 第49条

1 この条約は，20番目の批准書又は加入書が国際連合事務総長に寄託された日の後30日目の日に効力を生ずる。

2 この条約は，20番目の批准書又は加入書が寄託された後に批准し又は加入する国については，その批准書又は加入書が寄託された日の後30日目に効力を生ずる。

### 第50条

1 いずれの締約国も，改正を提案し及び改正案を国際連合事務総長に提出することができる。同事務総長は，直ちに，締約国に対し，その改正案を送付するものとし，締約国による改正案の審議及び投票のための締約国の会議の開催についての賛否を示すよう要請する。その送付の日から４箇月以内に締約国の３分の１以上が会議の開催に賛成する場合には，同事務総長は，国際連合の主催の下に会議を招集する。会議において出席しかつ投票する締約国の過半数によって採択された改正案は，承認のため，国際連合総会に提出する。

2 1の規定により採択された改正は，国際連合総会が承認し，かつ，締約国の３分の２以上の多数が受諾した時に，効力を生ずる。

3 改正は，効力を生じたときは，改正を受諾した締約国を拘束するものとし，他の締約国は，改正前のこの条約の規定（受諾した従前の改正を含む。）により引き続き拘束される。

## 第51条

1 国際連合事務総長は，批准又は加入の際に行われた留保の書面を受領し，かつ，すべての国に送付する。
2 この条約の趣旨及び目的と両立しない留保は，認められない。
3 留保は，国際連合事務総長にあてた通告によりいつでも撤回することができるものとし，同事務総長は，その撤回をすべての国に通報する。このようにして通報された通告は，同事務総長により受領された日に効力を生ずる。

## 第52条

締約国は，国際連合事務総長に対して書面による通告を行うことにより，この条約を廃棄することができる。廃棄は，同事務総長がその通告を受領した日の後1年で効力を生ずる。

## 第53条

国際連合事務総長は，この条約の寄託者として指名される。

## 第54条

アラビア語，中国語，英語，フランス語，ロシア語及びスペイン語をひとしく正文とするこの条約の原本は，国際連合事務総長に寄託する。

以上の証拠として，下名の全権委員は，各自の政府から正当に委任を受けてこの条約に署名した。

# 索　引

## ◆ア　行◆

アイデンティティ　38, 97, 99, 107, 109
アダルト・チルドレン　81, 82
アドボカシー　77
アフターケア　61, 101, 125
アリエス　12, 15
意見表明権　17, 76, 77
石井十次　24, 28
石井亮一　24, 28
遺族基礎年金　70, 123
一時預かり事業　32, 131, 140
1.57ショック　30
イノセンス　10, 54, 56, 57, 63, 115, 116
居場所　47, 48, 56, 57
ウィニコット　52
ウエルビーイング　10, 146
エミール　14
エリザベス救貧法　20
エンクロージャー（囲い込み）　20
エンゼルプラン　30
オウエン　13
岡山孤児院　24, 28
親学　34
オルタナティブ・ストーリー　62

## ◆カ　行◆

改正救貧法　21
解離　115
家族再統合　98
学校化社会　47
家庭学校　24, 25, 28
家庭裁判所　25, 84, 85, 93, 117, 118, 119
家庭支援専門相談員　34, 96, 97, 146
家庭児童相談室　28, 29
家庭的保育事業　32, 131, 132
家庭的養護　85, 90, 92, 94
感化院　24, 25
感化法　24, 25, 28
観護措置　118, 119
救護法　25, 26, 28
救貧院（almshouse）　21
共依存症者　67
緊急保育対策等5か年事業　30
苦情解決　75, 78
国親思想（パレンス・パトリエ思想）　17, 113
虞犯少年　117
ケア基準　76
ケイ　22
刑法犯少年　117

健康診査　28, 29, 137, 138
権利擁護　75, 76, 112
工場法　21, 23, 28
子殺し　81
個人責任イデオロギー　54
子育て援助活動支援事業（ファミリー・サポート・センター事業）　32
子育て世代包括支援センター（母子健康包括支援センター）　140
子育て短期支援事業　32, 33, 34, 125, 127
子ども・子育て応援プラン　31
子ども・子育て支援法　31, 32, 131, 132
子ども・子育て新システム　31
子どもの権利ノート　76
子どもの発見　11, 12, 14, 19

◆サ　行◆

再措置　101
里親　14, 21, 22, 24, 51, 54, 83, 85, 90, 91, 92, 93, 97, 98, 100, 101, 103, 105, 107, 110, 111, 144, 146
里親支援専門相談員　92
3歳児神話　30, 43
強いられた自立　58, 101
ジェンダー　30, 88, 127, 129
次世代育成支援対策推進法　30, 34
施設養護　22, 24, 90, 91, 92, 93, 97, 144
自尊感情　17, 38, 39, 47, 48, 53, 56, 59, 60, 61, 63, 65, 68, 109

児童家庭支援センター　33, 34, 73, 92
児童虐待の防止等に関する法律　34, 71, 80, 83, 86
児童虐待防止法　22, 25, 26, 27, 28, 70, 83
児童救済運動　22
児童憲章　16, 27, 28
児童指導員　96
児童自立支援施設　24, 34, 53, 73, 97, 100, 114, 118, 119
児童自立生活援助事業　101
児童心理司　91
児童相談所　11, 65, 71, 73, 76, 80, 83, 84, 85, 91, 92, 93, 98, 107, 118
児童手当　28, 32, 71, 123, 125
児童の権利に関するジュネーブ宣言（ジェネヴァ宣言）　16
児童の権利に関する条約　13, 16, 18, 45, 74, 76, 91, 97, 111
児童の権利に関する宣言　16
児童の世紀　22
児童買春，児童ポルノに係る行為等の規制及び処罰並びに児童の保護等に関する法律　83
児童福祉司　85, 91, 98
児童福祉審議会　73, 76
児童扶養手当　28, 70, 71, 123, 125
児童養護施設　24, 26, 33, 34, 53, 62, 65, 73, 85, 89, 90, 92, 93, 94, 96, 97, 100, 101, 102, 110, 111, 118, 119, 126, 146
児童労働　21, 22
死別母子家族　122, 123, 125

社会構成主義 62
社会的養護 33, 34, 74, 76, 77, 85, 90, 91, 95, 114, 145
社会福祉基礎構造改革 53, 75, 100
修復的司法 119
恤救規則 23, 25, 28
出生前診断 142
受動的権利 17, 76, 112, 113
障害児通所支援 73
障害児入所支援 73, 74
障害者自立支援法 72
小規模住居型児童養育事業 92
条件付の受容（愛） 80, 82
少子化社会対策基本法 30
少子化対策プラスワン 30
小舎制 21, 24, 119
情緒障害児短期治療施設 73
少年鑑別所 26, 118
少年教護法 25, 27, 70
少年陪審制度 119
少年法 25, 117, 119
情報提供 34, 77, 133, 140
触法少年 117
自立援助 61
自立援助ホーム 54, 55, 61, 62, 101
自立支援 52, 53, 54, 56, 58, 59, 60, 61, 62, 65, 72, 73, 86, 87, 95, 97, 98, 100, 101
自立支援医療 139
自立支援計画 54, 62, 65
新エンゼルプラン 30
親権 18, 45, 76, 84, 85, 110
親族里親 92
身体的虐待 81, 87, 114, 115

心理的虐待 81, 87, 114
性的虐待 81, 83, 114
生別母子家族 123
世界児童憲章 16
世代間連鎖 82
接近禁止 87, 88
接近禁止命令 84, 88
選択利用制度 75
専門里親 83, 92, 93
措置継続 101
措置制度 74, 75, 124, 133
措置費 93, 102

◆タ　行◆

退行 62, 96, 102, 103, 105, 107, 111
第三者評価 77, 78
胎児条項 142
滝乃川学園 24, 28
立ち入り調査 83, 84, 133
試し行動 68, 96, 102, 103, 105, 106, 107
地域子育て支援拠点事業 32, 33, 131
地域小規模児童養護施設 94
小さな大人 12, 15, 113
懲戒権の濫用禁止 112
懲治場 25
通告義務 83, 84
DV 80, 86, 87, 88, 124, 132
特別児童扶養手当 28, 70, 71
特別養子縁組 93
ドミナント・ストーリー 62

留岡幸助　24, 28

◆ナ　行◆

永山則夫　114, 115
ナラティブ・モデル　62, 63, 64
乳児院　26, 33, 34, 73, 89, 90, 92, 93, 94, 96, 97, 111, 140
乳児家庭全戸訪問事業　32, 33, 84
認可外保育所　41, 133, 134
認証保育所　133
認定こども園　32, 130, 131, 132
ネグレクト　81, 114
能動的権利　13, 17, 76, 112, 113

◆ハ　行◆

バーナードホーム　24
パーマネンシー　54, 100, 110
パーマネンシープランニング　23, 110
バーンアウト　68
配偶者からの暴力の防止及び保護に関する法律（DV防止法）　86
配偶者暴力相談支援センター　87
パターナリズム　17, 112, 113
バルネラビリティ　50, 82, 114
バルネラブル　50
犯罪少年　115, 116, 117
被虐待体験　52, 82, 88, 102, 114, 115
被措置児童等虐待　112
ファミリーグループ・カンファレンス　119

福祉型障害児入所施設　73
福祉サービス利用援助事業　75
福祉資金の貸付制度　124
福祉事務所　28, 29, 71, 72, 73, 87, 124
フレーベル　13
ペスタロッチ　13
保育士　24, 96, 132, 134, 146
保育所　18, 29, 32, 41, 42, 45, 72, 73, 74, 130, 131, 132, 133, 134, 135, 140, 145
保育に欠ける　29
保育の実施　132, 133
放課後子ども教室推進事業　135, 136
放課後子どもプラン　135, 136
放課後児童健全育成事業　135, 136
訪問指導　71, 101, 137, 139
保健所　32, 73, 137
保護観察　119
保護処分　25, 113, 118, 119
保護命令　87, 88, 124
母子及び父子並びに寡婦福祉法　71, 123, 124, 126
母子家族　121, 122, 123, 124, 125, 126, 127
母子健康手帳　71, 138
母子生活支援施設　26, 72, 73, 124, 126
母子世帯　26, 121, 122
母子福祉休養ホーム　124
母子福祉センター　124
母子福祉法　28, 71, 123
母子・父子自立支援員　71, 124
母子保護法　26, 28

ホスピタリズム　22
ホスピタリズム論　91
母性　14, 22, 43, 128, 137, 141
母性神話　30, 35, 128
母体保護法　141
ホワイトハウス会議（白亜館会議）　22

◆マ　行◆

マターナル・ディプリベーション　22
間引き　81
見えない暴力　80
無条件の受容　60, 61, 102, 103
無知の姿勢　63, 64, 67
面会・通信の制限　83
モラトリアム期間　48

◆ヤ　行◆

やさしい暴力　80
優生保護法　141
養育医療　71, 139
養育里親　92

養育支援訪問事業　33, 84
養子縁組里親　92
幼稚園　18, 32, 130, 131
要保護児童地域対策協議会　84

◆ラ　行◆

ライフストーリーワーク　99
リービングケア　61, 101
リプロダクティブ・ヘルス・アンド・ライツ　142
利用者支援事業　32, 140
臨検・捜索　84
ルソー　11, 13, 14
レジリエンシー　50, 60, 65, 82, 114
劣等処遇の原則（less eligibility）　21
労役場（workhouse）　21

◆ワ　行◆

ワーク・ライフ・バランス　31
ワンダウン・ポジション　63

**林　浩康**（はやし　ひろやす）

日本女子大学人間社会学部教授
北海道大学大学院教育学研究科博士後期課程修了。博士（教育学）
『子ども虐待時代の新たな家族支援──ファミリーグループ・カンファレンスの可能性』（明石書店），『児童養護施策の動向と自立支援・家族支援──自尊感情の回復と家族との協働』（中央法規出版），編著『ファミリーグループ・カンファレンス入門──子ども虐待における「家族」が主役の支援』（明石書店）

---

子どもと福祉　子ども・家族支援論〔第3版〕

2018 年 8 月 25 日　初版第 1 刷発行

著　者　　林　浩康
発行者　　宮下基幸
発行所　　福村出版株式会社
〒113-0034　東京都文京区湯島 2-14-11
電話　03-5812-9702　FAX　03-5812-9705
https://www.fukumura.co.jp
印刷　モリモト印刷株式会社
製本　協栄製本株式会社

©Hiroyasu Hayashi　2018
Printed in Japan
ISBN978-4-571-42067-2　C3036
落丁・乱丁本はお取り替えいたします。
定価はカバーに表示してあります。

## 福村出版◆好評図書

**堀場純矢 編著**
### 子どもの社会的養護内容
●子ども・職員集団づくりの理論と実践
◎2,200円　ISBN978-4-571-42049-8　C3036

子ども・職員集団づくりなど本質的課題を基軸に、職員の労働条件など社会科学的な視点で社会的養護を解説。

**増沢 高・青木紀久代 編著**
### 社会的養護における生活臨床と心理臨床
●多職種協働による支援と心理職の役割
◎2,400円　ISBN978-4-571-42047-4　C3036

社会的養護の場で働く心理職の現状と課題を踏まえ、多職種協働の中で求められる役割、あるべき方向性を提示。

**K.バックマン他 著／上鹿渡和宏・御園生直美・SOS子どもの村JAPAN 監訳／乙須敏紀 訳**
### フォスタリングチェンジ
●子どもとの関係を改善し問題行動に対応する里親トレーニングプログラム【ファシリテーターマニュアル】
◎14,000円　ISBN978-4-571-42062-7　C3036

子どもの問題行動への対応と関係性改善のための、英国唯一の里親トレーニング・プログラムマニュアル。

**才村眞理・大阪ライフストーリー研究会 編著**
### 今から学ぼう！ライフストーリーワーク
●施設や里親宅で暮らす子どもたちと行う実践マニュアル
◎1,600円　ISBN978-4-571-42060-3　C3036

社会的養護のもとで暮らす子どもが自分の過去を取り戻すライフストーリーワーク実践の日本版マニュアル。

**上鹿渡和宏 著**
### 欧州における乳幼児社会的養護の展開
●研究・実践・施策協働の視座から日本の社会的養護への示唆
◎3,800円　ISBN978-4-571-42059-7　C3036

欧州の乳幼児社会的養護における調査・実践・施策の協働の実態から日本の目指す社会的養護を考える。

**M.スタイン 著／池上和子 訳**
### 社会的養護から旅立つ若者への自立支援
●英国のリービングケア制度と実践
◎3,300円　ISBN978-4-571-42057-3　C3036

住居、教育、雇用、健康といった様々なアプローチから行われている英国のリービングケア政策と実践例を紹介。

**川﨑二三彦・増沢 高 編著**
### 日本の児童虐待重大事件 2000-2010
◎6,000円　ISBN978-4-571-42055-9　C3036

「児童虐待防止法」制定から10年間の虐待死、又は重篤な事態に陥った25の重大事件をとりあげ検証する。

◎価格は本体価格です。